Dans la série **Enfances** / *Initiation*

Collectif (Sous la direction de Joyce Aïn)	*Adolescences.*
Dr Jacques Chazaud	*Précis de psychologie de l'enfant.*
Dr Myriam David	*L'enfant de 0 à 2 ans.*
Michelle Erena, Marie-Claude Lacrosaz, Gérard Bastien, Nadine Decourt	*Lire à la maternelle.*
Dr Pierre Galimard	*L'enfant de 6 à 11 ans.*
Dr Pierre Galimard	*L'enfant de 11 à 15 ans.*
Cécile Guéguen, Hélène T. Leveau	*Rendez-vous à la crèche.*
Mireille Lescure	*Psychologie de la première enfance.*
Claude Lorin, Patricia Demachy	*La psychologie de l'enfant à la portée de tous.*
Jacqueline Peugeot	*La connaissance de l'enfant par l'écriture.*
Dr Ginette Raimbault	*L'enfant et la mort.*
Aletha Solter	*Mon bébé comprend tout.*
Judith Wallerstein, Joan B. Kelly	*Pour dépasser la crise du divorce.*

2 à 6 ans

DU MÊME AUTEUR

L'enfant de 0 à 2 ans, Privat, nouvelle édition 1990.

Le placement familial. De la pratique à la théorie, E.S.F., 1989.

Ouvrages en collaboration

Loczy ou le maternage insolite, CEMEA-Scarabée, 1973.

Séparations de la naissance à la mort, E.P.E., Privat, 1976.

Enfants confiés, in *L'enfant et sa santé*, Doin, 1987.

Les modes de garde des enfants de 0 à 3 ans, E.S.F., 1987.

Dr Myriam David

2 à 6 ans

Vie affective et problèmes familiaux

Privat

Edition 1990
ISBN : 2-7089-1077-9

14, rue des Arts, 31068 Toulouse Cedex.

Table des matières

Introduction

Pendant les deux premières années[1] de son existence, l'enfant apprend à aimer autrui ; la dépendance affective se substitue à la dépendance physique première. A travers ce lien de dépendance, l'enfant découvre la nécessité de renoncer à la satisfaction immédiate de tous ses désirs ; il apprend à supporter certaines frustrations, à contrôler son agressivité pour conserver l'amour d'autrui. Déjà, il commence à étendre ses relations, au-delà de sa mère et de son père, à ses frères et soeurs, à d'autres familiers de la maison.

Cependant, avant même qu'il n'ait eu le temps d'exercer et de consolider ces acquisitions, son expérience affective se complique lorsqu'il découvre que sa mère, qu'il aime tant, n'est pas son bien exclusif,

1. Voir dans la même collection : Docteur Myriam David, *L'enfant de 0 à 2 ans*.

qu'elle aime d'autres que lui, son père, ses frères et soeurs, et qu'il doit partager avec eux son amour. Ainsi, prennent naissance les relations dites « triangulaires » à l'intérieur desquelles il doit apprendre à trouver sa place ; elles ne sont pour l'enfant ni faciles à comprendre ni faciles à accepter.

D'autre part, sa sexualité s'affirme, éveillant en lui des sentiments intenses qui varient suivant qu'il est fille ou garçon. Devenant progressivement sensible à son sexe, à la différence de sexe, aux rapports entre ses parents, il éprouve des sentiments divers, souvent contradictoires, qui sont à la source de conflits autour desquels son activité s'oriente, s'organise, et achève de s'édifier.

Bien que pour la clarté de l'exposé nous soyons amené à décrire séparément les principaux aspects de cette nouvelle étape du développement affectif, ils sont en fait étroitement liés les uns aux autres. Les enfants les rencontrent de façon concomitante et y réagissent globalement. Ces nouveaux conflits, tout en compliquant la vie affective de l'enfant, l'enrichissent considérablement. C'est une époque de la vie qui, par son intensité et son impétuosité, annonce l'adolescence. L'enfant montre une ardeur de sentiments, une hypersensibilité, une imagination vive. Il commence à pouvoir exprimer ses sentiments grâce au développement concomitant de ses facultés intellectuelles : il sait maintenant parler, penser ; il extériorise la complexité de sa vie affective à travers ses rêveries imaginatives et ses jeux.

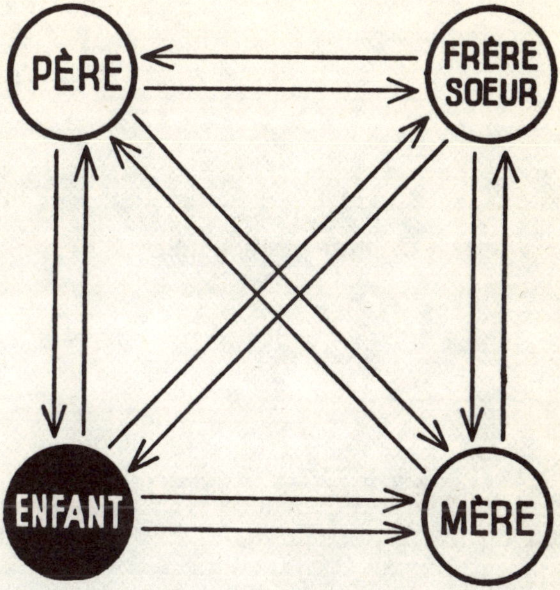

Nous passerons en revue successivement les conflits affectifs soulevés par les relations fraternelles, l'éveil de la sexualité génitale et l'influence de celle-ci sur les relations avec les parents. Nous verrons enfin comment l'ensemble de ces problèmes colore la vie de l'enfant, ses activités et ses relations sociales.

1.

Relations et conflits fraternels

Les relations fraternelles sont pour les enfants source de beaucoup de joies, mais elles le sont rarement d'emblée ; il faut surmonter toutes sortes de difficultés pour que les sentiments d'amitié, de tendresse, l'emportent sur les sentiments de rancoeur, de rivalité et de jalousie.

Bien des parents en sont choqués ; ils pensent qu'un enfant ne devrait pas avoir ce qu'ils appellent de « mauvais sentiments » et ils en nient l'existence. Sans doute, cela tient-il au tabou moral qui fait de la jalousie excessive de l'adulte un défaut. Sans doute, cela vient-il aussi du désir qu'ont ces parents de voir leurs enfants s'aimer entre eux comme ils les aiment eux-mêmes, et de la conviction qu'ils ont d'aimer également tous leurs enfants sans que l'amour pour l'un diminue l'amour qu'ils ont pour l'autre.

Il peut leur être utile de savoir, cependant, qu'aucun enfant n'arrive à échapper aux conflits que soulève la présence des frères et soeurs, que ces sentiments sont une étape inéluctable du développement, pour laquelle un enfant a besoin de leur affectueuse compréhension. La jalousie excessive de l'adulte, quand elle existe, témoigne seulement que cet adulte, lorsqu'il était enfant, n'a pas réussi à surmonter ce conflit.

Sentiments et attitudes d'un enfant vis-à-vis d'un nouveau-né

Un enfant de 2 à 5 ans éprouve un vif intérêt, fait d'amusement et de curiosité, devant ce nouveau-né dont tout le monde parle, que chacun admire, dont on lui demande à chaque instant « s'il l'aime » et « s'il est content de sa venue ». Il y a là tout un ensemble qui crée autour du nouveau venu une ambiance d'amour et de joie à laquelle l'enfant plus grand est mêlé et dont il profite tout naturellement.

Cependant, en même temps, l'arrivée du bébé crée tout un déséquilibre : alors qu'il vient à peine de quitter cette période de dépendance totale dont il ne garde pas de souvenir conscient, il est soudain remis face aux satisfactions de ce premier âge ; mais elles ne sont plus pour lui.

Sa mère n'est plus toute à lui. Elle est d'abord absente quelques jours. Puis, à son retour, elle est fatiguée et absorbée par le tout-petit, à qui elle donne une partie du temps qui était autrefois consacré à l'aîné.

Enfin, les visiteurs se succèdent, viennent voir le nouveau-né, l'admirent, en parlent, lui apportent des cadeaux.

Quant à lui, on lui demande d'être sage, de ne pas faire trop de bruit, de ne pas toucher le bébé.

Il y a là une situation troublante pour l'enfant, et qui soulève en lui une grande variété de sentiments.

Intérêt, amour, curiosité, envie, déception, peur, inquiétude, hostilité, coexistent presque toujours et sont à l'origine de conflits qui marquent sa personnalité.

1. *L'intérêt* d'un enfant pour un nouveau-né est vif. Il est fasciné par le tout-petit, dont les réactions sont imprévues. Il est intéressé par ce corps différent du sien, par les soins dont il est l'objet, par la préparation des biberons, par la tétée.

Cet intérêt s'exprime différemment selon l'âge.

Les plus petits, à 2 ans, y voient un objet passionnant et ils ont envie de le toucher, et d'expérimenter, de voir si cet autre enfant est comme eux ; ils ont envie de le faire bouger, de le faire crier, de lui faire ouvrir les yeux quand il dort, de voir s'il criera si on le pince, s'il se réveillera si on le touche ou si on le secoue. Ils sont souvent intrigués par ses yeux et essayeraient volontiers de les toucher, de voir si on peut les enfoncer ; c'est là un geste voisin de celui qu'ils faisaient autrefois lorsque, intrigués par les yeux de leur mère, ils cherchaient à les toucher.

Un peu plus grands, ils aiment porter le nourrisson, l'avoir sur les genoux. Ils veulent l'enlacer, le câliner, se pencher dessus, bref, avoir un contact physique réel avec lui.

Ils aiment aussi, à l'exemple des parents, le distraire, obtenir un son, un gazouillis, un sourire ; ils y sont souvent plus habiles que les parents et n'en sont pas peu fiers. Ils aiment lui acheter les jouets qu'ils désirent eux-mêmes, ils veulent les lui donner, les faire marcher devant lui (quitte à vouloir ensuite les garder pour eux !).

Lorsqu'ils sont plus grands, ils aiment s'occuper du nourrisson comme s'il était leur. Leur façon de l'aimer est de se l'attribuer, d'en faire leur chose.

« C'est mon bébé, à maman et à moi, il n'est pas à toi. »

D'ailleurs, en s'en occupant ainsi, l'enfant s'attire d'autres plaisirs : on dit de lui qu'il est gentil, qu'il aime son petit frère (ou sa petite soeur) ; il se sent aussi en communion avec sa mère et on sait combien c'est là une chose importante pour le petit enfant.

2. Cependant, son intérêt initial très vif peut être assez vite tempéré par une certaine *déception*. Il s'aperçoit qu'il ne peut traiter le nouveau-né comme un jouet et qu'il doit contrôler ses élans. Il ne peut pas l'embrasser quand et comme il le veut ; il trouve qu'il n'est pas intéressant, qu'il dort tout le temps, qu'il ne sait pas jouer, qu'il n'est pas joli.

Il l'amuse, certes, de voir sa mère s'occuper de lui, le chatouiller, le faire sourire, mais l'enfant se lasse de la voir agir et voudrait en faire autant. Sans doute on le laisse un peu faire, mais sous contrôle, et rarement comme il voudrait.

Ses initiatives ne sont pas toujours appréciées et se heurtent à des interdits, des limitations, des menaces, des punitions qui viennent en partie gâcher le plaisir et qui font que le petit frère, au lieu d'être un amusement, devient une gêne. « Je te défends de le toucher » – « Veux-tu le laisser dormir » – « Allons, tu lui souffles dans la figure » – « Veux-tu ne pas ennuyer le bébé » – « Je te défends d'aller le réveiller ».

Sylviane, à l'âge de 2 ans et demi, résiste mal à la tentation de prendre Roland. Un jour, étant seule avec lui, elle cherche à grimper sur la voiture dans laquelle Roland dort. Déjà elle s'apprête à le prendre quand la voiture soudain bascule. Au sentiment d'intérêt qui l'a poussée à grimper, succèdent la peur et les cris : peur de s'être fait mal, peur d'être punie, sentiment d'avoir fait quelque chose de mal et rancoeur contre son frère qui transforme les amusements les plus tentants en chagrins et en peine et, en même temps, ses sentiments positifs en hostilité et culpabilité.

3. La vue du nourrisson éveille en l'enfant *le désir d'être traité comme lui*.

Les plaisirs dont il ne voulait plus lui paraissent de nouveau tentants. La plupart des mères connaissent la réaction banale de celui qui, alors qu'il refusait obstinément la bouillie depuis plusieurs mois parce que c'était un aliment de bébé, se met à en réclamer ou à demander le biberon, ou à désirer téter.

> Sylviane veut se faire donner un bain dans la petite baignoire du bébé. Elle s'amuse à se coucher dans le berceau. Presque chaque jour, elle cherche à boire le biberon du petit frère. Sa mère lui en donne un autre, Sylviane est ravie. Cependant, cela ne suffit pas ; sans doute un peu déçue par ce biberon qui n'est pas aussi bon qu'elle le pensait, elle cherche à l'échanger avec celui de son frère, comme si elle pensait qu'il est forcément meilleur.

De même, le spectacle des soins dont le nourrissons est l'objet provoque une recrudescence des besoins de dépendance de l'aîné : souvent, il ne veut plus manger seul, il ne veut plus jouer seul, il est tout le temps « collé » à sa mère.

Le fait de voir le nourrisson choyé, admiré, pouponné, éveille en lui un sentiment d'être moins aimé, d'être un peu abandonné. N'y a-t-il pas, en effet, des moments où sa mère est si absorbée par le bébé qu'elle semble l'en oublier ? Il cherche alors à attirer son attention :

> « Regarde, maman », et Maurice brandit son dernier dessin, l'interposant entre le visage de son petit frère et celui de sa mère, le secouant victorieusement ! Mais il s'attire une réprimande : « Voyons, ne mets pas cette saleté dans le visage de ton frère » – « Mon dessin si beau, une saleté ! Sûrement, maman ne m'aime plus » et, plein de rancoeur, il va

bouder dans son coin, ruminant quelque vengeance contre son frère.

Ou encore, à un autre moment, il essaye d'imiter les grimaces, les mouvements du tout-petit, qui font rire les parents. S'il n'arrive pas à ses fins, il peut, en désespoir de cause, tomber et se faire mal, ce qui lui attire leur sympathie ; ou bien il fait quelques bêtises qui seront suivies de punitions, sans doute, mais celles-ci peuvent lui apporter partiellement satisfaction dans la mesure où elles constituent quand même une marque d'attention.

4. Le nouveau-né est donc à l'origine de bien des contrariétés pour son aîné qui éprouve de ce fait, à son égard, des *sentiments hostiles*.

L'enfant traduit ces sentiments par des *pensées hostiles* : un petit garçon proposait candidement à sa mère de « vendre la petite soeur ».

« Jean avait entendu sa mère dire que, si le nouveau-né était encore un garçon, on le renverrait. Ce fut un garçon. Peu de temps après, Jean confia à sa tante : "Tu sais, je crois que maman commence à le trouver gentil" – et, avec une pointe d'ennui : "Peut-être qu'elle va l'aimer et qu'elle ne voudra plus le vendre". »

L'enfant a des *gestes hostiles* pendant que les parents ont le dos tourné : pincer le bébé pour le réveiller et le faire crier ; lui jeter inopinément un jouet à la figure.

Sylviane, 2 ans un quart, pendant les premiers mois qui suivirent la naissance de son petit frère, se montre très intéressée, désireuse de s'en occuper, de le toucher, de le porter. Sa mère, en sa présence, lui laisse parfois Roland sur les genoux et elles n'en est pas peu fière. Elle est possessive à son égard et veut que personne d'autre qu'elle et sa mère ne le touche. Un jour, quand Roland boit, Sylviane s'approche, le regarde et, soudain, lui retire le biberon, le secoue et le lui enfonce dans la bouche.

Un autre jour, sa mère entend des cris et découvre que Sylviane a donné un coup de biberon sur la tête de son frère. Une autre fois, elle se précipite sur lui pour l'embrasser, mais elle le serre et, tout à coup, le mord. Tout ceci n'empêche nullement qu'à d'autres moments, Sylviane protège son petit frère, lui donne des jouets, cherche à l'amuser.

Souvent l'enfant traduit ses sentiments par des *attitudes ambivalentes*.

Marguerite veut à tout prix donner le biberon, mais, sous prétexte d'en donner plus, le donne trop vite et fait tousser et s'étrangler le bébé ; au lieu de bien mettre la tétine, elle l'introduit, comme par hasard, trop loin et trop fort, fait mal à la bouche.

Sous prétexte de l'embrasser, elle le serre et l'étouffe ; sous prétexte de jouer avec lui, de le distraire, elle le secoue ou lui reprend sans cesse ses jouets des mains en les brandissant devant son visage interloqué.

Chaque fois que son père va jouer avec lui, elle veut le faire elle-même, l'accapare, empêchant ainsi son père et son petit frère de profiter l'un de l'autre.

L'agressivité peut être dirigée contre la personne qui s'occupe de l'enfant : Nicole, un jour, mord fort sa mère, tandis qu'elle nourrit le bébé.

Un autre enfant accaparait toujours les visiteurs et se montrait charmant avec eux. Mais, dès que ceux-ci s'intéressaient au petit frère, il se mettait à devenir méchant avec eux, les frappait sans raison.

Souvent l'agressivité, vis-à-vis des adultes, est plus diffuse ; elle se traduit par des caprices sans cause, des attitudes régressives ou des symptômes divers, tels que : redevenir sale, ne plus vouloir manger seul, terreurs nocturnes, cauchemars, etc...

Toutes ces manifestations d'agressivité sont très banales. La plupart des enfants de 2 ans et demi, 5 ans, se comportent ainsi, à l'occasion de la naissance d'un enfant. Cette hostilité première est inéluctable, tant que l'enfant n'a pas compris que le nouveau venu ne lui retirait rien de l'amour de ses parents, et tant qu'il n'a pas surmonté les quelques frustrations nouvelles que l'existence du bébé ne manque pas de provoquer.

Ces actes d'hostilité ne sont ni intentionnels, ni calculés. Il s'agit d'impulsions soudaines, conséquences de sentiments intenses qui, brusquement, le plus souvent en l'absence de la mère, assaillent l'enfant, alors que l'instant d'avant, en sa présence, il était tout aussi sincère et impulsif dans son désir d'embrasser et d'être tendre, désir qui s'impose à lui au moment où il est témoin de la tendresse de sa mère.

Tous ces sentiments : intérêt, désir de participer, envie, peur d'être moins aimé, désir d'être préféré, sentiment d'être abandonné, rancoeur, agressivité, etc... provoquent en l'enfant un trouble qui se traduit par des caprices, de la mauvaise humeur, souvent une diminution de l'appétit, parfois de l'énurésie, de la constipation, et par toutes les attitudes qui ont été décrites.

Ce troube est plus ou moins intense selon les enfants. Il y a des différences individuelles, une susceptibilité variable d'un enfant à l'autre. Il semble que la position de l'aîné soit particulièrement difficile, sans doute parce que, contrairement aux cadets, les aînés ont connu la situation exceptionnelle d'être seuls, d'être le centre d'intérêt pendant un, deux, trois ans ou plus, et que cela leur a apporté des plaisirs difficiles à abandonner.

Quoi qu'il en soit, ce trouble est pénible pour l'enfant, l'inquiète. Il ne se sent plus en harmonie avec ses parents, il a peur de perdre leur amour, il n'aime pas se sentir « mauvais» et, instinctivement, il cherche des moyens plaisants de coexistence qu'il finit par trouver, si ses parents savent l'y aider.

Sentiments et attitudes d'un cadet vis-à-vis des aînés

1. Les bébés, en général, aiment beaucoup la vue des enfants plus âgés et regardent inlassablement leurs allées et venues, leurs jeux.

> Paul, 8 mois, debout sur les genoux de sa mère, est fasciné par le jeu bruyant de ses deux frères : il n'en perd pas une miette, semble en suivre toutes les péripéties.

Michel, même âge, s'immobilise et regarde dans la direction de la porte d'entrée, dès qu'il entend les pas de ses frères et soeur qui rentrent de classe. Il est tout content et frétille dès qu'ils apparaissent.

Jean, 10 mois, est ravi quand sa soeur joue avec lui, si brusque soit-elle.

Les tout-petits sourient souvent plus volontiers aux enfants qu'aux adultes et, pendant quelque temps, ils semblent même remarquablement tolérants vis-à-vis des agaceries des grands.

Cet intérêt pour l'aîné augmente encore quand le petit atteint l'âge de faire un certain nombre de choses. Il tire grand plaisir à observer et à suivre le grand et bientôt il va essayer d'intervenir activement. Pendant quelque temps encore, pour le petit, le grand est un de ses nombreux « autres » ; souvent plus amusant que les adultes, parfois plus redoutable, et avec qui il établit une relation à deux d'autant plus satisfaisante que l'aîné est plus protecteur, plus tolérant et moins jaloux.

2. Ces rapports vont se compliquer quand, d'une part, le bébé ne se contentera plus uniquement de la contemplation des prouesses de l'aîné, mais voudra intervenir dans ses jeux, les imiter sans toujours y parvenir ; quand, d'autre part, il deviendra sensible aux rapports qui existent entre ses parents et ses frères et soeurs. Souvent l'enfant ne s'en aperçoit que lorsqu'il a 2 ans et demi, ou même plus de 3 ans. Il s'aperçoit que les aînés bénéficient de certains avantages : il les envie, ressent comme un sentiment d'infériorité le fait de ne pouvoir en faire autant, inter-

prète les privilèges accordés aux grands comme une marque de préférence. Enfin, son sentiment d'admiration pour l'aîné est mitigé par une certaine crainte : d'une part, l'aîné est souvent investi par les parents d'une certaine autorité ; d'autre part, il est plus fort ; enfin, le plus jeune est sensible aux manifestations de jalousie de l'aîné et peut craindre les représailles quand ses parents lui témoignent de l'amour.

Anne-Marie, par exemple, raconte qu'étant plus petite elle avait le sentiment que sa mère préférait sa soeur aînée parce qu'elle lui permettait de faire les commissions, et qu'elle lui confiait ses soucis quotidiens. Il lui semblait aussi que sa soeur avait « droit » à ces privilèges. Pendant que celle-ci était à l'école, Anne-Marie se faisait câliner par sa mère, mais elle avait toujours peur que sa soeur aînée ne revienne inopinément et ne la surprenne avec sa mère. Elle se sentait coupable de la lui voler et craignait ses réactions de jalousie.

3. L'enfant plus jeune peut également protester vigoureusement contre les privilèges de l'aîné et faire des efforts pour le rattraper, voire le dépasser. Cette compétition s'exerce dans tous les domaines, l'enfant cherchant à détrôner l'aîné dans l'affection des parents. Il est des petits, par exemple, qui « répètent » aux parents toutes les bêtises que font les grands, ou encore, profitant de la protection dont leurs parents les entourent, ils font constamment punir les grands.

Il en est d'autres, au contraire, qui renoncent plus ou moins, se sentent incapables de rivaliser et préfèrent demeurer des bébés dépendants. Tel est souvent le cas des petits derniers qui restent longtemps enfermés dans une relation à deux de dépendance étroite avec leur mère.

> Anne-Marie enviait sa soeur aînée, mais elle redoutait intérieurement de grandir tant cela lui paraissait difficile. A 5 ans, elle souhaitait ne jamais atteindre l'âge de 9 ans de sa soeur, car, alors, sa mère compterait sur elle pour faire les commissions ; elle craignait de ne pas y arriver et de perdre l'estime de sa mère.
>
> De fait, pendant longtemps, Anne-Marie demeura un « bébé empoté », ne sachant rien faire par elle-même.

Parfois l'enfant est découragé de ne jamais être le premier à annoncer un nouveau triomphe. A quoi bon annoncer : « Je sais sauter », « Regarde mon beau dessin », quand toujours l'aîné s'écrie : « Oh ! ben, c'est pas difficile » ou : « Il est pas beau, le mien est bien mieux » et fait suivre ces remarques par une démonstration beaucoup plus experte que celle du pauvre débutant.

Et même lorsque l'aîné sait apprécier les progrès du plus jeune, lui montrer de l'admiration, il n'a jamais le privilège d'être le seul ou le premier à savoir.

Certains enfants plus jeunes se servent beaucoup de la science de l'aîné. Ils l'écoutent, retiennent ce qu'il dit et s'en servent pour progresser eux-mêmes.

Un jour, les parents de Jean découvrent qu'il sait presque lire. Qui le lui a appris ? Personne. Si, son frère faisant son propre apprentissage.

Ou, au contraire, il justifie sa passivité et son renoncement par la science de l'autre.

Claire, que l'on exhorte parce qu'elle refuse d'apprendre à lire : « C'est pas la peine, puisque Monique elle sait » – et de fait, très fréquemment, elle se fait lire des histoires par sa soeur.

4. Tous ces sentiments, vis-à-vis de la supériorité de l'aîné, viennent compliquer et renforcer un conflit avec lequel l'enfant est déjà aux prises par son seul développement : devenir grand et rester petit.

Ces difficultés du cadet s'accroissent encore quand apparaît un troisième enfant. Les enfants « du milieu » peuvent éprouver beaucoup de peine à trouver leur place, d'autant plus que les parents sont alors très occupés et moins disponibles aux difficultés particulières de chacun. Assez souvent, l'enfant « du milieu » éprouve les désavantages manifestes de sa situation : trop petit pour bénéficier des avantages du grand, assez grand pour être sage, et trop grand pour recevoir l'attention que l'on donne au petit. Si les parents n'y prennent garde, les enfants « du milieu » peuvent facilement se sentir défavorisés et réagir vivement à cette insatisfaction affective.

Evolution des relations fraternelles

Les relations entre frères et soeurs évoluent à mesure que les enfants grandissent et éprouvent du plaisir à jouer ensemble.

1. Le cadet est plein d'admiration pour les exploits de l'aîné qui, de son côté, n'est pas insensible à cette admiration. Celui-ci semble toujours capable d'initier à des jeux pleins d'imprévus que le petit suit avec empressement. Ce dernier est toujours prêt à les redemander, à les re-provoquer

Le grand, de plus, trouve amusant les jeux de son cadet auxquels il a lui-même joué et qu'il avait oubliés.

L'aîné aime faire faire des choses au petit, le commander ; le petit est tout heureux que le grand lui prête attention et il exécute avec enthousiasme ses ordres.

Ensemble ils jouent au bateau, à l'auto, au papa et à la maman, à la marchande, ils gambadent en faisant du bruit. Ensemble aussi, ils font les mêmes bêtises, se font punir, et arrivent à faire de véritables alliances contre le monde des grandes personnes.

2. Cependant, à l'intérieur de leurs jeux, apparaissent presque constamment ces sentiments de rivalité, de jalousie, d'envie, d'agressivité, qui transforment la chambre de jeu en champ de bataille.

En effet l'aîné profite volontiers de sa position d'aîné pour tyranniser le cadet.

Micheline, 6 ans, et Monique, 4 ans, jouent inlassablement ensemble à l'école. Micheline est toujours la maîtresse et tout son plaisir est de donner des ordres à Monique et de distribuer, au gré de son bon vouloir, récompenses et punitions. Pendant quelque temps, ce jeu amuse beaucoup Monique qui aime cette situation où sa soeur lui fait faire des choses qui l'amusent et qui lui donnent l'impression d'être une écolière. Cependant Michèle profite de sa situation pour réprimander un peu trop fort, elle bouscule Monique, lui prend son crayon des mains, déchire sa feuille de papier, et les cris commencent.

Le cadet est le plus souvent très fier quand l'aîné veut bien s'occuper de lui et, de son côté, l'aîné joue volontiers le rôle de parent.

Madame B... raconte comment, un soir où elle était fatiguée, Gilles, 5 ans, a déshabillé son petit frère (2 ans), lui a donné à manger et l'a couché. Le petit, généralement difficile à nourrir, remuant constamment pendant les repas, trouvait la situation très amusante et ne mangea jamais aussi facilement et vite que ce jour-là.

Cependant, là encore, la situation se gâte assez facilement.

Nicole, 8 ans, se charge volontiers de la toilette d'Anne-Marie, 4 ans ; mais Anne-Marie hurle parce que Nicole lui mouille sa chemise de nuit. Nicole trouve sa soeur stupide et la mouille davantage ; Anne-Marie pleure et crie, se sentant impuissante et abandonnée à ce qui lui paraître être l'horrible méchanceté et cruauté de sa soeur aînée.

Le cadet, parfois, se laisse assez volontiers dominer par l'aîné, tant est grand son désir d'en être aimé.

Anne-Marie jouait à l'école avec ses deux soeurs aînées. La plus grande, Nicole, était la maîtresse, et Muriel et Anne-Marie ses deux élèves. Anne-Marie disait à sa soeur : « J'aurais des lunettes et un appareil dans la bouche et je serais ta chouchoute » (Nicole avait des lunettes et un appareil de prothèse dentaire).

Garder sa position de « chouchou » est très important pour le cadet. Parfois l'aîné en profite.

Nicole faisait faire à ses soeurs des exercices de gymnastique qui les terrorisaient. Cette situation se reproduisait quotidiennement et il était évident que les deux soeurs étaient enfermées dans une relation où l'aînée avait plaisir à jouer le rôle de tyran et la cadette le rôle de victime.

Parfois, c'est le cadet qui joue les tyrans, profitant de sa position de petit dernier pour tout obtenir de l'aîné.

Michel n'a que 2 ans, mais c'est lui qui mène Roland, 6 ans. Il lui prend ses autos ; il crie si fort, quand Roland essaie de les lui reprendre, que ce dernier finit toujours par céder ; il ne le laisse pas jouer avec ses constructions, mais s'amuse à les défaire à mesure que Roland bâtit et il l'oblige à jouer avec lui.

3. Enfin, chaque enfant garde facilement l'impression que l'autre est privilégié et il regarde avec envie les possessions de son frère.

Le soir de Noël, Sylviane, 4 ans, et Roland, 2 ans et demi, mettent leurs souliers dans la cheminée, Sylviane à gauche, Roland à droite. Le lendemain matin, ils vont voir, avec leurs parents, ce que le Père Noël leur a apporté : ils sont émerveillés, saisis, regardent de tous leurs yeux cet amas de trésors, sans y toucher. Puis ils s'approchent et, automatiquement, Roland se met à inspecter les jouets de sa soeur, tandis que Sylviane veut à chaque instant défaire les paquets de son frère. Aucun des deux ne tolère que l'autre touche à ses affaires, mais chacun veut partager les possessions de l'autre.

Quand quelqu'un apporte des petits cadeaux, Sylviane veut toujours choisir et laisse à Roland ce qu'elle estime être le moins beau. Au début, Roland s'en contente, mais bientôt il se rebelle. Ceci devient le sujet de tourments sans fin, même quand ils ont deux objets ensemble. Sylviane cherche à convaincre Roland : « Donne-moi le tien, je te donnerai le mien ». Elle sait prendre le ton qui le fera consentir : « Tu vois, il est rouge, tu sais bien, Roland, toi tu aimes le rouge » – puis, une fois qu'elle l'a, elle le fait enrager : « Le mien est plus beau ».

4. Comme on le voit, chaque enfant éprouve à l'égard des frères et soeurs des sentiments complexes. Ils sont à cet âge trop absorbés par leurs besoins propres pour être sensibles aux sentiments de l'autre ou pouvoir en tenir compte. Chacun aimerait avoir la première place auprès de ses parents, être le plus aimé ; chacun voudrait dominer la situation, chacun voudrait tout posséder. Mais chacun aussi veut profiter de l'existence de l'autre. Les besoins et les sentiments de l'un se heurtent cons-

tamment aux besoins de l'autre et il leur faut parfois longtemps pour trouver *un équilibre de relations* satisfaisant.

Sylviane ne commença à avoir vraiment de bons échanges dans ses jeux avec Roland que lorsqu'il eut 5 ou 6 ans. En effet, à partir de l'âge de 2 ans et demi, Roland, qui jusque-là avait témoigné plus de plaisir que de déplaisir de la présence de sa soeur, commença à manifester violemment ses sentiments de rivalité au moment même où Sylviane était prête à faire des concessions. Roland devint d'une susceptibilité extrême vis-à-vis de Sylviane, interprétant chacun de ses gestes comme une attaque ; il se mit à « se défendre » par avance et, étant plus fort, devint redoutable quand il usait de ses poings et de ses griffes. Sylviane réagit en délaissant son frère, en s'enfermant ostensiblement avec des petites amies dans sa chambre, excluant Roland de ses yeux.

Mais Roland se trouvait très privé quand Sylviane le délaissait ; peu à peu il fit un effort pour se la concilier ; Sylviane bien souvent voulut en abuser ; elle se heurta alors à nouveau à l'agressivité de son frère. Les disputes étaient usantes et fatigantes pour les parents qui, eux aussi, avaient à trouver un moyen de protéger les enfants l'un de l'autre, sans toutefois prendre parti. La mère devait faire un effort sur elle-même pour ne pas se laisser aller à protéger Roland contre les agaceries de sa soeur ; le père avait à faire un effort inverse pour ne pas s'irriter tantôt de la pusillanimité, tantôt de l'excessive brutalité de Roland.

C'est tout à fait insensiblement que de telles situations peuvent s'arranger et que les enfants établissent entre eux des relations profitables.

A l'âge de 6 et 8 ans, bien que Sylviane et Roland déclarent volontiers qu'ils se détestent et qu'ils aimeraient que l'autre disparaisse, il est visible qu'ils ont de plus en plus de plaisir ensemble, qu'ils s'admirent l'un l'autre, et qu'en l'absence de leurs parents ils se soutiennent et se défendent.

Cependant, certains frères et soeurs n'y arrivent jamais et demeurent des frères ennemis, ou apparemment indifférents ; d'autres semblent y parvenir mais n'y trouvent pas toujours un équilibre satisfaisant, soit que l'un démissionne, soit qu'il domine à l'excès.

*
* *

Quoi qu'il en soit, on voit que la façon dont l'enfant établit et poursuit des relations fraternelles forme et marque son caractère, tantôt pour le mieux, tantôt pour le pire. Sans doute, de nombreux facteurs interviennent pour déterminer le mode de réaction des enfants : la force de leurs sentiments, leur différence d'âge, leurs affinités plus ou moins grandes et, sans doute, avant tout, la qualité de leurs relations avec leurs parents qui leur apportent ou non la sécurité nécessaire pour pouvoir céder dans certains domaines tout en restant en même temps capables de s'affirmer.

Rôle des parents à l'égard des relations fraternelles

Face à leurs enfants, les parents éprouvent, eux aussi, des sentiments qui influencent leurs attitudes vis-à-vis de l'enfant. Il n'est pas toujours facile, pour les parents, d'être également disponibles à chacun de leurs enfants.

De plus il peut être difficile pour eux de supporter les rivalités fraternelles alors que leur souhait est que les enfants s'aiment et s'entendent bien.

Les attitudes des parents vis-à-vis des manifestations de jalousie ou de rivalité sont très importantes pour l'enfant qui peut y trouver une confirmation ou un apaisement à ses craintes.

1. Parfois, les parents, se laissant aller à leurs sentiments, adoptent, sans toujours s'en rendre compte, des attitudes qui peuvent blesser l'enfant et cristalliser sa jalousie naissante.

Par exemple une mère, sans en être consciente, peut se laisser aller, après la naissance du bébé, à donner beaucoup moins de temps et d'attention à son aîné. Elle-même n'a pas le sentiment de moins l'aimer, mais lui le ressent ainsi ; toute à son bébé, et à son plaisir de pouponner à nouveau, elle peut être facilement agacée par les exigences de l'autre ; elle trouve qu'il est assez grand pour être plus raisonnable, ceci d'autant plus qu'elle le sait capable de bien faire ; elle trouve qu'il n'y met aucune bonne volonté, le gronde.

Etant pleine de tendresse et d'affinités pour le tout-petit, elle ne se rend pas compte qu'elle est souvent irritée par l'enfant plus grand parce qu'il la détourne de l'attention qu'elle voudrait donner au tout-petit. Dans son amour pour le bébé, elle tend à le protéger contre l'aîné, interdit à celui-ci d'y toucher, lui reproche de l'énerver, de le faire pleurer, décourageant l'intérêt du grand.

Imperceptiblement, elle change d'attitude à l'égard de l'aîné, exige plus de lui, le traite comme « un grand », faisant peser sur lui des exigences et des responsabilités qu'il n'est pas toujours prêt à assumer.

Les parents ne perçoivent même pas leur changement d'attitude, alors que l'enfant, lui, leur donne un sens qu'elles n'ont pas en réalité et se trouve ancré dans son sentiment d'être rejeté, d'être moins aimé.

La fille aînée de Madame R..., Marie, fut intensément jalouse d'Irma qui naquit lorsqu'elle avait 2 ans et demi. Irma fut très choyée et semblait ne pas beaucoup souffrir de la jalousie très manifeste de sa soeur tant qu'elle demeura la dernière. C'était une enfant tendre et rieuse qui gagnait facilement par son charme la tendresse des adultes et qui en profitait amplement. Quand Irma eut 5 ans, Madame R... accoucha de deux jumeaux. Elle ne les souhaitait pas, mais, quand ils furent là, ils la comblèrent. Elle était éreintée par sa grossesse et par les soins à leur donner, mais néanmoins paraissait toute disponible pour eux. Par contre elle s'occupait moins des deux aînées qui allaient à l'école. Marie, l'aînée, accueillit les jumeaux avec un intérêt modéré ; elle avait 8 ans, c'était l'affaire de sa mère, elle était elle-même prise par d'autres occupations.

Irma par son heureux caractère semblait devoir être capable d'avoir beaucoup de plaisir avec les bébés. En fait il n'en fut rien, Irma devint maussade, insatisfaite, grognon. Elle, si gaie, pleurait tout le temps pour rien. Elle ne se permit jamais d'être agressive avec ses deux petits frères, mais, toujours mécontente, elle manifestait une opposition à sa mère ; ce mécontentement ne tarda pas à devenir réciproque et eut tendance à s'accentuer. Il continua à marquer ultérieurement la relation entre mère et fille. Madame R... ne pouvait plus voir que les défauts et les limites d'Irma et, malgré ses efforts, n'arrivait pas facilement à surmonter son agacement.

Irma se sentait moins aimée et réagissait par une mauvaise humeur constante. Elle devint beaucoup plus sensible à l'hostilité de Marie à son égard. Elle se sentait moins douée que sa soeur. Marie avait des dons qui lui valaient des compliments et qui la comblaient. Irma se sentait incapable de rivaliser avec sa soeur dans les travaux tant manuels que scolaires ; elle se désintéressa de tout et devint paresseuse. Par contre elle chercha des compensations à l'extérieur et devint très sociable.

A ces difficultés, chaque enfant réagit différemment et selon la façon dont il a appris à réagir aux frustrations. L'un deviendra, pour conserver l'amour de ses parents, le grand enfant modèle, sur qui on peut compter. Mais il peut arriver qu'il n'ose pas s'affirmer, n'apprenne pas à se défendre, renonce à rivaliser. Il peut ne se sentir aimé que lorsqu'il est sage, et craindre toujours d'être rejeté.

Un autre deviendra excessivement et ouvertement jaloux ou fera preuve d'une recrudescence de ses besoins de dépendance. Un autre s'éloignera de sa mère et de l'enfant, cherchera ailleurs des compensations, s'isolera, etc...

Parfois, la situation inverse se produit. L'aîné comble les voeux de ses parents. Ils sont fiers de lui, suivent tous ses progrès avec amour, mais ils sont satisfaits par cet enfant unique, n'en souhaitent pas d'autres. Quand le deuxième arrive, les parents peuvent ne pas retrouver le même enthousiasme. Ils ne sont plus tellement sensibles aux tout-petits ; ils trouvent le nouveau-né moins intéressant, le laissent derrière. Bien sûr, « ils l'aiment », mais là aussi, imperceptiblement, une situation est née dont le cadet peut souffrir : on le confie à la grand-mère, ou à une nourrice, parce qu'il est trop petit pour partager les plaisirs des parents avec le grand ; sans s'en apercevoir, les parents n'ont pas les mêmes attentions pour l'aîné que pour lui : il passe toujours en second et pour tout.

2. D'une façon générale, les parents se défendent d'avoir des préférences. Assez souvent, cependant, ils ne peuvent éviter de sentir plus d'affinité pour tel ou tel enfant et de le laisser percer à travers leurs paroles, leur comportement. C'est là quelque chose que les enfants supportent mal ; ils ont besoin d'être

assurés que la qualité appréciée chez leur frère ne diminue pas leurs propres qualités.

Les parents, parfois, ont le sentiment que l'enfant dont les besoins sont pour eux difficiles à satisfaire est « méchant ». Ils le lui disent et le comparent aux autres : « Ce n'est pas ta soeur qui ferait ça » ; « Regarde ton petit frère comme il est gentil » ; « A ton âge, Jean-Paul était bien plus sage que toi. »

Les enfants supportent mal d'être comparés les uns aux autres en particulier ; *ils ont l'impression que comparer est synonyme de préférer.*

Ces diverses attitudes des parents paraissent peu graves en elles-mêmes, mais, si elles se répètent constamment, elles sont interprétées par les enfants comme le signe qu'ils sont moins aimés et elles accroissent ou créent de toutes pièces la jalousie.

Les parents sont bien obligés cependant de faire, selon l'expression des enfants, « des différences ». Les enfants sont différents les uns des autres par l'âge, le sexe, leur caractère individuel, leurs goûts. Ce que l'un aime, l'autre ne l'aime pas, ce qui convient à l'un ne convient pas à l'autre. C'est là quelque chose que les enfants ne comprennent pas spontanément. Ils sont toujours prêts à crier à l'injustice et à sentir la différence de traitement comme un privilège à l'avantage de l'autre.

C'est peut-être pour les parents une des tâches les plus ardues que de savoir tenir compte de cette difficulté des enfants. Ils ont à leur faire comprendre que, bien qu'ils soient différents, ils les aiment tous autant, que, justement parce qu'ils les aiment autant, ils les traitent différemment, en fonction de ce qu'ils sont.

Tenter de supprimer ces difficultés en mettant tous les enfants au même régime n'est d'aucune aide. Coucher l'aîné aussi tôt que le cadet, s'il n'est pas fatigué, ne correspond pas aux besoins de l'aîné, pas plus que retarder le coucher du cadet ne convient à ce dernier. Il y a des parents qui, sachant reconnaître l'existence de ces sentiments chez l'enfant, leur attribuent leur juste importance et trouvent par conséquent le moyen d'éviter, par exemple, que le fait de se coucher tôt ou tard devienne une marque de faveur ou de rejet.

3. Beaucoup de parents, ignorant que les relations entre frères sont forcément conflictuelles, se trouvent démunis, étonnés, parfois choqués, par les difficultés de leurs enfants. Ils ne pensaient pas que « leur enfant » serait ainsi. La jalousie est un défaut et ces parents, en la voyant, craignent que leur enfant ne soit mauvais et ne reste jaloux. Ils sont déçus par lui, ils lui en veulent et ils sont décidés à sévir jusqu'à ce qu'il cesse. L'enfant est blâmé, ils lui font honte ; ils lui montrent combien il est méchant ; parfois, ils lui « rendent » ce qu'il fait à l'autre et peuvent aller jusqu'à lui dire que, puisqu'il est méchant, ils ne l'aiment plus.

Dans ces conditions, l'enfant renonce parfois partiellement aux manifestations directes de jalousie, mais il garde en lui rancoeur et haine. Il cherche à le dissimuler, mais il se sent mauvais, il est inquiet, se sent toujours menacé de perdre l'amour de ses parents et son anxiété s'exprime par des inhibitions ou par des traits divers du caractère.

D'autres parents, effrayés à l'idée que l'enfant puisse être jaloux, tentent de supprimer toute cause de conflit : ils se cachent de l'aîné quand le bébé tète ; ils donnent exactement les mêmes jouets ; bref, ils adoptent une attitude artificielle qui ne porte aucun fruit ; car la situation, si elle peut sans doute être atténuée, ne peut pas être supprimée, et il s'agit moins de supprimer le conflit que d'aider l'enfant à le surmonter.

Il y a des parents qui arrivent, semble-t-il, à éviter que les enfants extériorisent leurs sentiments de jalousie.

Tel est le cas de la famille C... – Madame C... appartient à une de ces grandes familles où les enfants sont élevés avec affection mais strictement et où « tout le monde s'aime ». La notion de conflit familial est pour elle blessante ; avant même la naissance de Jean elle affirmait que Marguerite ne serait pas jalouse. Par la suite elle est très sensible aux marques d'affection que Marguerite témoigne à son frère, mais est tout à fait aveugle à la qualité ambivalente des gestes de la petite fille. Cette attitude est favorable, en un sens : l'enfant sent confusément le plaisir qu'elle fait à ses parents en étant gentille avec son frère. Elle en tire des avantages, on la félicite, on lui dit à son tour qu'elle est gentille et elle arrive ainsi à développer une véritable affection et sollicitude pour le puîné.

Cependant, d'autres sentiments coexistent. Or, du fait même de l'approbation que l'enfant reçoit plus ou moins implicitement pour son absence de jalousie, du fait que les parents ne voient pas la composante négative du sentiment fraternel et ne peuvent donc lui offrir ni soutien, ni compréhension, l'enfant éprouve une malaise à leur égard et le besoin de réprimer ses sentiments, de les cacher aux autres et à lui-même. Ainsi demeurent-ils inconscients, mais ils demeurent ; et ils sont à l'origine d'inquiétude et de culpabilité qui peuvent s'exprimer par diverses difficultés telles que : grogneries, caprices sans cause, désobéissance, etc.

L'enfant qui ne montre pas du tout de sentiments de rivalité est un enfant qui, le plus souvent, n'ose pas exprimer ses sentiments par peur de perdre l'affection, l'approbation de ses parents.

Le psychiatre est souvent consulté pour des enfants dits « insupportables » ou présentant quelque autre difficulté, « mais qui adorent leur petit frère ou soeur, qui ne lui feraient jamais de mal et qui le défendent contre toute agression, qui pleurent quand il est puni, etc... ». Au cours de la psychothérapie, on découvre qu'il existe presque toujours beaucoup d'hostilité vis-à-vis du frère ou de la soeur, mais qu'elle est plus ou moins profondément refoulée et qu'elle ne peut s'exprimer qu'indirectement par les symptômes qui ont provoqué la consultation. Ces symptômes s'estompent au cours de la psychothérapie, quand l'enfant, à travers jeux, dessins et récits, arrive à exprimer, non sans angoisse, ses sentiments hostiles. Il dévoile alors sa jalousie envers les autres enfants et son ressentiment contre ses parents dont, à tort le plus souvent, il ne se sent pas autant aimé.

4. Enfin, il y a des parents qui comprennent que les enfants puissent être jaloux, mais qui ne peuvent supporter la façon dont cette jalousie se manifeste.

Par exemple, ils sont effrayés par l'agressivité des enfants entre eux, exaspérés par ces disputes incessantes. Ils ne peuvent s'empêcher d'intervenir, de prendre parti, de soutenir l'un, de punir l'autre, exagérant ainsi les conflits.

Ou encore la signification des manifestations indirectes de jalousie leur échappe.

> Par exemple la mère de Maurice s'indigne qu'il ne veuille plus manger seul : « Puisqu'il sait, il n'y a pas de raison de céder. Il est assez grand pour comprendre... Tout ça, c'est du caprice ».

Ils sont révoltés également quand l'enfant, habituellement propre, se souille sans rien dire pendant que la mère est justement occupée avec le bébé. Ils ne comprennent pas pourquoi il grogne tout le temps, pleurniche sans raison.

Ces difficultés, apparemment nouvelles, les contrarient ; ils cherchent à s'y opposer directement par divers moyens et c'est bien là, souvent, le début de réactions d'opposition intarissables.

5. Il est des parents, au contraire, qui comprennent spontanément et instinctivement les sentiments

de leur enfant. Ils savent le protéger en évitant de le mettre constamment dans une situation conflictuelle et en sachant, quand il s'y trouve, lui prodiguer un support affectif fait de tendresse, de compréhension.

Ils savent, par exemple, préparer un enfant à la naissance du nouveau-né, l'y intéresser en le faisant participer à la préparation de la chambre, en lui laissant des possibilités de sentir que tout cela est à lui aussi.

Après la naissance, ils lui permettront de participer aux soins, de tenir le biberon et, éventuellement, de le terminer quand il en reste ; tout en protégeant le nourrisson, ils s'arrangent pour laisser une certaine liberté de jeu au grand, valorisant le plaisir que le bébé semble en tirer. Ils surmontent l'agacement d'être dérangés pendant la tétée et pensent à prodiguer en même temps quelques câlineries à l'aîné, à lui parler, à faire attention à ce qu'il fait.

Ils ne sont pas trop émus de le voir reboire au biberon, ou faire le bébé. Tout en le tolérant, ils pensent à faire valoir les avantages de grand dont l'aîné bénéficie et que ne peut avoir le petit frère.

Ils savent reconnaître en l'agressivité de l'enfant ou en sa méchanceté une manifestation passagère de désarroi et, au lieu de s'en irriter et de le punir, cherchent à le rassurer en montrant qu'il n'a rien perdu de leur affection et que le bébé est aussi pour lui une bonne distraction.

Quand Sylviane devenait capricieuse et agressive avec sa mère, celle-ci lui interdisait de faire mal à son frère, mais elle comprenait que sa fille avait besoin d'un surcroît de tendresse et elle s'arrangeait pour la câliner chaque fois qu'elle le demandait. Souvent, elle la tenait serrée contre elle quand Roland buvait et elle s'arrangeait pour transformer en jeu les brusques tentatives d'agression.

Quand Sylviane maltraitait sa poupée, elle la laissait faire, trouvant que c'était un moyen bien bénin d'exprimer son agressivité vis-à-vis de son frère, et c'était un jeu inépuisable que de panser ensuite ses blessures. Elle ne lui permettait jamais de frapper son frère et la punissait quand elle lui faisait mal mais, tout en en connaissant les risques, elle lui permettait de le tenir sur les genoux, de le pousser dans sa voiture ; elle savait cependant qu'elle devait être présente, car les soins câlins de Sylviane pouvaient se transformer promptement en gestes brusques.

Il fallut *du temps* et que tout *ceci se répète* bien souvent pour que, progressivement, les sentiments de Sylviane évoluent. Elle essaya, bien des fois, d'attaquer son petit frère, testant ainsi ses parents, mais, devant leur fermeté constante et leur compréhension affectueuse, grâce à la possibilité qu'on lui laissait d'exprimer ses sentiments négatifs sous des formes acceptables, elle sut peu à peu profiter des autres joies qui lui étaient réservées et non seulement n'eut plus à se préoccuper de la présence de son frère, mais elle sut également en profiter.

Comme on le voit, le rôle des parents est délicat. Il ne consiste pas à empêcher le conflit d'éclater, d'exister et de se manifester, mais plutôt à aider les enfants à sentir que l'amour pour l'un n'exclut pas l'amour pour l'autre, que chacun est apprécié pour ce qu'il est et différemment de l'autre ; les aider aussi à découvrir qu'en se faisant des concessions mutuelles, ils peuvent avoir ensemble beaucoup de plaisir.

Il est important de réaliser que, pour surmonter leurs difficultés, il faut du temps aux enfants, de multiples expériences, suivies de réussites ou d'échecs, qu'ils ont besoin constamment de tester l'amour de leurs parents, leur tolérance.

Les sentiments de jalousie, en règle générale, s'estompent et font progressivement place à des sentiments d'intérêt, de protection, d'affection réelle, à condition que le besoin fondamental de l'enfant dans ce domaine, comme dans tous les autres, soit satisfait : besoin de compréhension de la part de ses parents pour ses sentiments, qu'ils soient positifs ou négatifs, besoin d'aide de ses parents pour apprendre à les exprimer d'une façon acceptable.

Si l'enfant ne trouve pas de compréhension auprès de ses parents, si leurs attitudes donnent prise à ses sentiments, venant les justifier en quelque sorte, il se sent alors désapprouvé, abandonné et rejeté, et ces sentiments accroissent et cristallisent sa jalousie naissante.

2.

Eclosion et orientation de la sexualité

Beaucoup d'esprits furent profondément choqués lorsque Freud, à la suite de ses découvertes, montra qu'une première éclosion de la sexualité génitale se faisait dans la petite enfance, entre 2 et 5 ans. Ses idées furent violemment combattues ; elles le sont encore parfois.

Pourtant, l'observation des enfants montre, entre l'âge de 18 mois à 3 ans, l'apparition, chez le garçon comme chez la fille, de comportements caractéristiques de son sexe.

C'est vers cet âge également que les enfants commencent à être intéressés par leurs organes génitaux, découvrent qu'ils sont fille ou garçon ; chacun à sa façon en éprouve des sentiments de plaisir ou de déplaisir. Ils montrent leurs premiers élans amoureux, et toute leur personnalité s'oriente vers la féminité ou la masculinité.

Cette éclosion de la sexualité transforme les sentiments de l'enfant ; sa vie imaginative se développe considérablement. Simultanément, ces acquisitions nouvelles lui posent de nouveaux problèmes que nous allons passer en revue et dont nous essayerons de décrire l'évolution.

Prise de conscience de l'organe génital

1. C'est un fait d'observation courante que les bébés portent leurs mains à leur sexe et se tripotent dès qu'ils en ont la possibilité motrice, sans qu'il y ait pour cela une prise de conscience de l'existence de cet organe. Ces attouchements du tout premier âge sont semblables à ce que sont les mouvements du bébé de quelques mois lorsque sa main se ferme sur un objet sans qu'il le sache et qu'il n'a pas encore une nette conscience de ce qu'il touche, de ce qu'il tient.

Un peu plus tard, l'enfant devient plus conscient de son organe génital et des sensations dont il est le siège. Entre 18 mois et 2 ans et demi, le petit garçon s'intéresse beaucoup à sa verge. Il aime la toucher, tirer dessus, il en est fier, s'exhibe volontiers. Pour la petite fille la prise de conscience de l'organe génital reste plus confuse. Elle est liée aux sensations clitoridiennes qu'elle découvre quand elle se touche.

Filles et garçons ont, en effet, plaisir à se toucher ; cependant, cette première masturbation infantile éveille en eux un certain trouble, où se mêlent plaisir, curiosité et inquiétude.

Le plus souvent, ils s'isolent pour le faire, se cachent de l'adulte, attendent d'être au lit.

Claudine, 5 ans, est très sage. Sa mère s'en étonne un peu et lui en fait compliment. Claudine dit : « Oui, j'ai trouvé un truc ». – « Un truc ? Un truc pour quoi faire ? », dit sa mère étonnée – « Je ne veux pas te le dire, tu vas me gronder », puis hésitante, elle explique à sa mère : « Je me chatouille là, c'est agréable ».

2. Assez souvent, l'enfant pense qu'il va se faire punir. De fait, on lui défend toujours de se toucher ; dès qu'il met sa main au contact de ses organes, on la lui retire. On le traite de « petit sale » et si, plus âgé, il persiste (4, 5 ans), il n'est pas rare qu'on le gronde ; le petit garçon reçoit des menaces : « Tu vas voir, si tu continues, le monsieur va te la couper », ou encore : « Tu vas la faire pourrir, tu vas la perdre », etc...

A la petite fille : « Tu vas te gercer, tu vas te faire du mal », etc...

Même en dehors de tout interdit ou menace, l'enfant peut sentir qu'il y a là quelque chose de « mal ». Il ne dissocie pas encore fonction génitale et urinaire et, pour lui, de même qu'il était sale ou vilain de toucher « son pipi », d'avoir plaisir à « se retenir », etc..., de même, par extension, est sale et vilain tout plaisir lié à cette partie du corps.

De plus, la masturbation s'accompagne de rêveries éveillées qui, dans la mesure où elles représentent les souhaits de l'enfant et ses sentiments vis-à-vis de ses parents, sont, elles aussi, comme on le verra plus loin, source de plaisir, d'inquiétude et de culpabilité.

Quoi qu'il en soit, à cet âge, la masturbation constitue un phénomène normal du développement et se prolonge plus ou moins longtemps, selon les enfants.

Les parents doivent savoir que la masturbation infantile n'est ni anormale ni nuisible. C'est seulement si elle devient excessive et prend un caractère compulsif qu'il convient de s'en inquiéter. Même alors elle n'est pas nocive en soi, mais elle est l'expression de difficultés intérieures qui troublent l'enfant et pour lesquelles il peut avoir besoin d'aide. Il s'agit moins d'empêcher l'enfant de se masturber que de l'aider à résoudre les difficultés qui en sont la cause.

Assez souvent les parents s'effrayent d'un comportement qui leur paraît pervers et cherchent à tout prix à empêcher l'enfant de s'y livrer. Ils risquent par leurs interdits d'augmenter l'intérêt de l'enfant tout en faisant naître des sentiments de culpabilité et de crainte qui peuvent accroître la masturbation. Parfois, sous la pression de toutes ces défenses, celle-ci disparaît, mais ces interdits, ces tabous, rendent plus difficile à l'enfant la compréhension et l'acceptation de la différence de sexe et, d'une façon générale, toutes les manifestations de la sexualité.

Différence de sexe

1. En principe, entre 2 et 3 ans, un enfant sait dire s'il est garçon ou fille, parce que ses parents le lui disent, le lui font répéter, sans qu'il en comprenne d'ailleurs toujours très bien la portée. Par ailleurs, son attention est attirée sur la différence des sexes de diverses façons. Parfois, c'est la comparaison entre frère et soeur qui lui permet de remarquer une différence entre lui et l'autre.

L'exemple suivant illustre le trouble que peut susciter chez un enfant la prise de conscience encore confuse de la différence de sexe :

> A la naissance de son frère Sylviane avait 2 ans. Nous avons déjà montré comment, tout en s'intéressant à lui, elle en fut très jalouse.
>
> Peu de temps après sa naissance, elle se mit à souffrir d'une constipation opiniâtre. Elle pleurait, se retenait, faisait des scènes chaque fois qu'elle devait aller sur le pot. Elle semblait prise d'une réelle panique et ne consentait guère à y aller qu'avec son père. Celui-ci sentait la peur de l'enfant ; il la tenait contre lui et savait la rassurer. Cette constipation était très pénible. Parfois il fallait plusieurs jours avant que Sylviane ne puisse s'exécuter ; le passage des selles devenant douloureux augmentait la crainte de l'enfant.
>
> En soi, il ne semblait y avoir aucun rapport entre la constipation, la jalousie, et la différence de sexe. Cependant d'autres faits attirèrent l'attention.
>
> Sylviane chaque fois qu'elle voyait un bébé dans la rue s'écriait : « Regarde, un garçon ! » Pour Sylviane les mots bébé et garçon étaient synonymes ;

son obstination à ne jamais employer le mot bébé était frappante. Elle disait que, lorsqu'elle était petite, elle était, elle aussi, le garçon de maman. De plus Sylviane, si observatrice, curieuse et bavarde, habituée à tout regarder, à tout remarquer, semblait ne pas voir la verge de son frère, ne faisait aucune remarque à ce sujet.

On pouvait se demander s'il n'y avait pas un lien entre les divers comportements de Sylviane qui tous étaient apparus à la naissance de son frère.

Il fut possible, en diverses occurrences, de lui dire, en termes très simples, qu'elle croyait peut-être que tous les bébés étaient des garçons, et que sa maman préférait les garçons ; qu'elle aimerait peut-être elle aussi être un garçon. On lui parla de la différence entre fille et garçon ; on lui dit qu'elle avait été un bébé fille et que sa maman en avait été bien contente.

On lui expliqua, en même temps, que les petites filles n'avaient jamais eu de verge comme le petit frère et qu'elles étaient, comme leur maman, destinées à devenir une maman, alors que le petit frère deviendrait un papa. Il lui fut dit qu'elle n'avait pas besoin d'avoir peur, que les petits garçons ne peuvent pas perdre leur verge, et qu'elle pouvait tranquillement aller sur le pot et n'avoir plus peur de rien perdre.

La constipation cessa peu de temps après ces explications. En même temps, Sylviane montra un très grand et nouvel intérêt pour toutes les images d'animaux. La présence ou l'absence ainsi que la taille des queues chez les divers animaux la passionnaient spécialement.

Quelques semaines plus tard, elle commença à montrer ouvertement qu'elle n'était pas satisfaite de l'explication qu'elle avait reçue et à exprimer son désir de posséder elle aussi « une petite queue ».

Elle aimait danser nue ; un jour où elle avait spécialement bien réussi un numéro en plein salon, soudain, regardant entre ses jambes et essayant de montrer son clitoris, elle dit, ravie : « Tu vois, moi aussi, j'ai une petite queue ». Elle n'écoutait aucune explication à ce sujet, et préférait prendre ses désirs pour la réalité.

Quelques mois plus tard, voyant un de ses cousins âgé de 10 ans se baigner, elle lui dit confidentiellement : « Tu sais, j'ai une toute petite queue, quand je serai grande, elle sera grande comme la tienne ».

2. Beaucoup de filles comme Sylviane, lorsqu'elles découvrent la différence de sexe, désirent être comme les garçons, avoir une verge, craignent de l'avoir perdue ou espèrent en acquérir une.

Beaucoup n'en parlent pas, parce que leurs sentiments à ce sujet restent confus ; elles sont intellectuellement incapables de le concevoir clairement et encore moins de l'exprimer en mots ; elles peuvent également craindre la moquerie de l'adulte, sa désapprobation, voire même une punition. Cependant, bien que ne s'extériorisant pas, ces pensées existent, mais demeurent subconscientes ou inconscientes et continuent à préoccuper l'enfant sous des formes diverses.

Elles envient les petits garçons. Elles acquièrent progressivement le sentiment que le garçon a plus de prix, qu'il est préféré, qu'il est plus admiré. Elles trouvent que les qualités attachées à la personnalité du garçon sont plus enviables : courage, force, héroïsme, sont plus intéressants, plus spectaculaires, que les qualités de sagesse qui sont classiquement le lot de la fille.

Elles peuvent sentir que leurs parents ne leur ont pas fait le privilège d'être un garçon, les en ont privées afin de faire d'elles des filles sages, ou parce qu'elles avaient été des garçons méchants.

Ces sentiments s'expriment par des phantasmes ou par des comportements divers. Les petites filles pensent communément, comme Sylviane, qu'elles peuvent devenir garçon. Elles s'exercent, par exemple, à uriner debout, souhaitent être habillées en garçon, etc...

Cependant, en même temps, la petite fille tire grand plaisir de sa féminité et se montre très tôt coquette et enjôleuse, cherchant à plaire, à attirer l'attention des hommes et tout particulièrement celle de son père.

> Sylviane, à 3 ans, devenait spécialement charmante lorsque son grand cousin venait à la maison. Elle déployait un savoir-faire de coquetterie qui amusait bien son entourage. Un jour, relevant sa chemise de nuit, elle lui dit avec un regard brillant et fier : « A de jolies jambes, Sylvie, hein ? »

En règle générale, le désir de la fille de devenir un garçon s'atténue et se transforme à mesure que la fillette trouve dans l'amour qu'elle a de son père le plaisir d'être une fille et le désir de devenir une femme.

Il y a cependant des petites filles qui ne semblent pas arriver à se consoler ; elles renient les jeux de filles, adoptent habits et comportement de garçons, couvent le secret espoir de devenir vraiment le garçon qu'elles souhaiteraient être. D'autres n'osent pas montrer si ouvertement leur désir, mais se créent des histoires merveilleuses, où elles jouent le rôle d'un garçon. Ou encore, devant la confirmation de l'impossibilité à devenir garçons, elles se montrent toujours insatisfaites, elles cherchent des compensations, elles ont plaisir, par exemple, à s'exhiber ; elles aiment avoir de longs cheveux, elles deviennent agressivement coquettes ; ultérieurement, elles peuvent se montrer méprisantes à l'égard des garçons et cette inacceptation de leur sexe, si elle persiste, peut devenir un facteur d'inadaptation.

3. Le petit garçon éprouve, lui, les sentiments de celui qui possède : fierté de posséder, d'une part, peur de perdre, d'autre part.

Sa fierté se traduit par son plaisir à s'exhiber, à se regarder, à se faire admirer, à faire de beaux jets quand il urine.

Il a un certain mépris pour les filles qui n'ont pas de pénis. Un petit garçon, à la vue d'une petite fille accroupie, disait à un autre petit garçon : « Ces filles, c'est bête, ça perd tout. – Mais non, tu sais », répond l'autre, « Maman m'a dit qu'elles étaient comme ça ». Pas plus que la fille, le garçon ne sait spontanément que l'on naît « avec » ou « sans » et, de ce fait, il peut avoir peur de subir la punition et la mutilation dont il pense que la fille a été victime, ces craintes pouvant être exagérées par les menaces entendues lorsqu'il se touchait. Ces sentiments de fierté et de crainte prennent aussi racine dans le fait que le garçon sent naître en lui le plaisir d'être fort. Il aime montrer sa force, jouer le héros, les bandits, mais il dissocie parfois mal force et agressivité, et le désir de devenir grand, fort, puissant, peut lui apparaître comme coupable.

Il y a là tout un ensemble que le garçon aime et recherche, mais dont il peut croire en même temps que c'est là méchanceté de garçon pour laquelle il peut être puni. Bien des enfants le pensent consciemment. Beaucoup ne se formulent pas aussi clairement ces pensées qui sont plutôt éprouvées comme une crainte, plus générale, que l'on voudrait leur prendre ce qu'ils ont, les empêcher d'être ce qu'ils sont. A cette peur, ils réagissent par des tentatives répétées de protestation, ou préfèrent, au contraire, renoncer à leurs désirs et espoirs de garçons.

C'est ainsi que, dans le premier cas, on peut voir des petits garçons essayer de se rassurer constamment sur leur force, en en faisant des constantes démonstrations, ou en inventant des histoires auxquelles ils croient à moitié à force de vouloir les faire croire aux autres.

> Michel, 5 ans, à qui une amie de sa mère a confié la garde d'un poste de radio, raconte fièrement que des hommes sont venus, ont voulu le prendre, mais qu'il s'y est opposé ; il a dû se battre et les hommes

sont partis. Tout ceci est dit avec le plus grand sérieux et la volonté d'être cru.

Ce besoin de fabulation est tout à fait normal à cet âge, c'est un des jeux préférés de l'enfant. Il peut devenir excessif quand l'enfant ne se sent pas apprécié comme il le souhaiterait ou quand il se sent trop faible, impuissant, et préfère se réfugier dans les rêves que d'affronter une réalité qui, pour lui, est menaçante. Les garçons essayent aussi d'affirmer leur virilité en « faisant le dur », en montrant qu'ils sont les plus forts, et, comme il sera dit plus loin, en cherchant à dominer leur mère d'une façon que celle-ci n'appréciera pas toujours.

Là encore cette tendance normale et saine du tout petit garçon peut se transformer en un besoin compulsif de dominer, de prouver sa force. Certains enfants de cet âge en arrivent à devenir de véritables foudres de guerre dont les parents ne viennent pas à bout.

Au contraire, devant son sentiment de petitesse, d'impuissance, de crainte d'être méchant et d'être moins aimé, le garçon peut démissionner et préférer devenir « la fille », sage, propre, obéissante, douce.

A cet âge, ces tendances existent chez tous les garçons ; comme pour les filles, si l'enfant reçoit de ses parents aide et compréhension, ces sentiments contradictoires évoluent vers un équilibre satisfaisant, sinon ils risquent de se cristalliser et de s'incruster plus ou moins définitivement dans la personnalité de l'enfant, devenant le noyau à partir duquel se développent un bon nombre de difficultés d'adaptation de l'homme adulte.

4. Comme on le voit, la découverte de son sexe, le sentiment d'être garçon ou fille, est à l'origine d'élans qui apportent à l'enfant des joies manifestes, un sentiment de bonheur et de fierté qui contribuent à l'épanouissement de sa personnalité. Cependant, en même temps, ils provoquent de l'inquiétude, des déceptions, des sentiments de crainte, d'injustice, d'infériorité, que l'enfant n'arrive pas toujours à surmonter aisément.

Il peut paraître exagéré d'attribuer une telle importance aux sentiments des enfants vis-à-vis de leur sexe et de la différence de sexe. Il est en effet banal de voir les petites filles souhaiter être un garçon, et les petits garçons craindre ou souhaiter devenir une fille. Normalement ces sentiments sont transitoires et s'effacent lorsque l'enfant découvre les avantages liés à son sexe et se sent apprécié par ses parents pour ce qu'il est.

Cependant il n'en est pas toujours ainsi. L'inacceptation consciente ou non de son sexe par l'enfant, si elle demeure, peut devenir à l'âge adulte un sérieux facteur d'inadaptation qui peut se manifester tant dans son comportement en général que dans sa vie sexuelle.

La qualité, l'intensité et l'évolution des sentiments des enfants vis-à-vis de leur sexe et de la différence de sexe dépendent de nombreux facteurs. Sans vouloir les passer tous en revue, nous citerons à titre d'exemple certaines situations affectives qui accentuent les conflits.

La naissance d'un enfant de sexe différent, en faisant croire à l'aîné que le nouveau venu est plus aimé, peut accroître son envie d'être comme lui. Sylviane, à la naissance de Roland, voulait être à la fois bébé et garçon. Dans ce cas, jalousie et différence de sexe inter-agissent l'une sur l'autre pour se renforcer mutuellement.

De même les privilèges de l'aîné peuvent, pour le plus jeune, paraître liés aux avantages de son sexe, et vice-versa.

Mais une famille composée uniquement de filles ou de garçons peut soulever le même problème. Le plus jeune, par exemple, sait et sent que les parents désiraient un enfant de l'autre sexe. Son infériorité devant les aînés lui fait souhaiter d'être d'un sexe différent ; il aurait ainsi l'avantage, pense-t-il, de combler le voeu des parents et, par là même, de supplanter les aînés dans l'affection qu'ils en reçoivent.

Un facteur essentiel d'adaptation de l'enfant à son sexe est qu'il se sente apprécié et aimé par ses parents pour ce qu'il est, et, en particulier, pour *les qualités inhérentes à son sexe*.

L'enfant, en effet, cherche avant tout à obtenir l'amour de ses parents et il est très sensible à leurs manifestations de sympathie ou d'antipathie pour la féminité ou la virilité et les qualités qui y sont attachées.

Or, il est des parents qui ne supportent pas le sexe de leur enfant.

Par exemple : Madame A... et son fils Christian. Madame A... amène son fils, âgé de 4 ans, à la consultation, parce qu'il est constamment grognon, anorexique. Il ne veut plus aller au jardin d'enfants et, si on le force, il y reste sans rien faire. Il ne s'intéresse à rien. L'enfant frappe par son aspect tiré à quatre épingles et son habillement efféminé. Il est très fin, d'aspect délicat. Au cours de l'entretien, Madame A... laisse voir sa répulsion pour tout ce qui est un peu viril dans la comportement de l'enfant. Elle trouve stupides et mal élevés les jeux de garçon. Elle interdit à son fils d'avoir des soldats ou des armes ; elle est scandalisée de le voir jouer à l'épée avec un bout de bois. Tout cela lui paraît être de « mauvais instincts » qu'il faut tuer. Christian de temps en temps proteste et en cachette joue aux jeux défendus. Mais il est peureux, se sent en infériorité devant les autres enfants et la plupart du temps il préfère renoncer. Ce renoncement n'est pas sans inconvénient pour son développement : en effet, il demeure dépendant et passif et ces réactions, si elles persistent, modèleront sa personnalité, l'étoufferont.

Un autre facteur important d'acceptation de son sexe, on le verra plus loin, est le désir de devenir pour le garçon comme son père, pour la fille comme sa mère. Tout ce qui perturbe le processus « d'identification » gêne simultanément l'acceptation de son sexe par l'enfant.

Curiosité sexuelle

Au fur et à mesure que l'enfant devient sensible à l'existence de son sexe, il éprouve de la curiosité pour les différences corporelles, le problème de la naissance, les rapports entre ses parents.

1. Les enfants de cet âge s'examinent souvent l'un l'autre, cherchent à mieux connaître et comprendre les différences qu'ils remarquent entre eux ; comme pour toutes choses dont ils sont curieux, ils veulent « toucher » et « voir » pour en saisir la réalité.

Ils aiment comparer leurs corps avec le corps de l'adulte, regardant ce dernier avec admiration, curiosité, envie et inquiétude. C'est un âge où toutes les différences corporelles attirent l'attention de l'enfant et où il pose des questions s'il l'ose :

> Sylviane, à 2 ans et demi, dit : « Je veux avoir des herbes moi aussi », en voyant les poils de sa mère. Elle veut toujours être présente quand sa mère se baigne, et s'informe, en montrant les seins de sa mère : « Pourquoi t'as ça ? Pourquoi j'en ai pas ? J'en veux aussi ».
>
> A 6 ans Sylviane dit à sa mère en tirant sur ses propres mamelons : « Tu vois, je tire dessus tous les jours pour qu'ils grossissent, ils ont grossi, hein ? »

L'enfant rêve de devenir semblable à l'adulte et cherche à l'imiter en tous points, mais il peut aussi se sentir petit, impuissant, privé de tous les privilèges de l'adulte. Il peut avoir le sentiment que tout ce qui appartient à ses parents est hors de sa portée et lui restera inaccessible. A cela l'enfant répond par des réactions de protestations, telles que, par exemple : imiter les adultes, leur « chiper » tous ces objets précieux à ses yeux : rouge à lèvres, à ongles, soutien-gorge, habits, et s'en parer.

Beaucoup de parents comprennent ce plaisir des enfants, leur prêtent volontiers tous ces objets pour jouer, tout en contrôlant l'usage qu'ils en font. Ils pensent spontanément à rassurer les enfants en leur faisant savoir que, quand ils seront grands, ils seront pareils à eux et même mieux.

2. Les enfants se posent souvent des questions au sujet de la *naissance*. Parfois ils semblent satisfaits des explications féériques que certains adultes croient bon de leur donner. Le plus souvent, cependant, comme pour le Père Noël, vient un moment où ils se sentent tenus d'y croire pour se conformer aux désirs de leurs parents, mais où, au fond d'eux-mêmes, ils n'y croient plus. Leur imagination supplée alors au manque d'information : essayant de mettre bout à bout le fruit de leurs observations et ce qu'ils ont pu saisir des conversations des grandes personnes, ils se forgent des idées fausses et le plus souvent inquiétantes : enfant dans le ventre au milieu des féces ; enfant né à partir d'une graine que le père a donné à manger à la mère ; enfant sorti par le nombril ; ils pensent que le ventre de la mère a été fendu par le médecin, a éclaté, etc. Tous ces phantasmes sont plus inquiétants pour l'enfant que la réalité qui lui est cachée. Ce caractère inquiétant

des phantasmes est lié au mystère qui entoure la sexualité et qui fait d'elle un objet défendu éveillant, comme tout mystère, curiosité et crainte.

3. Tôt aussi l'enfant sent *la qualité spéciale des rapports* qui existent entre ses parents. Il ne connaît pas la nature de l'acte sexuel mais il pressent que quelque chose se passe entre ses parents : il voit ceux-ci partager le même lit ; le soir il sent le désir de ses parents de se débarrasser de lui, de rester seuls ; parfois, la nuit, s'il se réveille, il a pu entendre des bruits qui viennent du lit des parents et il tend l'oreille, curieux mais inquiet en même temps.

Il n'est pas rare de trouver des enfants en train de jouer au papa et à la maman d'une façon très concrète qui montre leur intérêt et leur compréhension, le plus souvent partielle, des rapports entre parents.

> Un matin Mme C... trouve que les enfants sont bien sages. Elle monte voir. Elle trouve son fils Daniel, 5 ans, en compagnie de ses petites cousines, 4, 5 et 6 ans, couchés nus sur le grand lit des parents. Ils sont gentiment et sagement serrés les uns contre les autres. « Qu'est-ce que vous faites là ? Pourquoi êtes-vous déshabillés ? » s'exclame Mme C..., à la fois étonnée et fâchée, car elle vient de terminer de les habiller. « On joue au papa et à la maman. – C'est bien », dit Mme C..., « mais vous pourriez très bien jouer à cela en étant habillés ». Et elle suggère qu'il est plus amusant de se déguiser.

On pourrait multiplier ces récits où les enfants cherchent à imiter les adultes, essayant de saisir, de façon plus concrète, les rapports des parents entre eux.

> Sylviane, 7 ans, déclare son amour à un grand cousin de 16 ans qui vient la voir. « Je veux que tu m'emmènes au lit. » Le garçon l'emmène. Sylviane l'embrasse longuement et le caresse et lui dit confidentiellement : « Je veux te marier. – Bien, demain matin, si tu veux. – Oui », dit Sylviane. Le cousin s'apprête à partir. « Non reste, je veux que tu couches là aussi. – C'est pas la peine puisqu'on se marie demain. » Sylviane répond avec une hésitation interrogative dans la voix : « Tu sais, c'est mieux, je crois ? » – et elle ajoute encore : « On pourra s'embrasser ».

Toute cette recherche est une étape normale du développement. Elle correspond au sentiment confus et inéluctable que l'enfant a de la sexualité, qui éveille en lui, à la fois, intérêt, émerveillement, envie et inquiétude.

Tous les enfants n'expriment pas aussi ouvertement leurs sentiments vis-à-vis de la sexualité. Certains, aux dires de leurs parents, semblent en être dépourvus.

Il y a sans doute dans ce domaine, comme en tout autre, des différences d'un enfant à l'autre. Cependant, lorsque les parents n'observent aucune manifestation de la naissance de la sexualité chez leur enfant, ils peuvent se demander si ce n'est pas plutôt qu'ils n'ont pas su les voir, ou que leur enfant n'a pas osé montrer et a refoulé un intérêt et une curiosité dont il se sentait coupable.

4. Ici, comme ailleurs, les possibilités d'expression des enfants dépendent de facteurs individuels, mais dépendent aussi beaucoup de l'ouverture d'esprit des parents, de l'intérêt qu'ils manifestent vis-à-vis des sentiments de l'enfant, de leur désir et de leur capacité à parler avec lui, de leur attitude vis-à-vis de la sexualité et de toute activité instinctuelle en général.

Il y a des parents qui pensent que les enfants sont trop petits, qu'ils ne peuvent pas comprendre, qu'ils préfèrent les explications « magiques ». Il est d'ailleurs assez fréquent en effet que les enfants, tout en souhaitant connaître la vérité, reviennent à leurs explications magiques.

> Sylviane, 6 ans, explique que le bébé est d'abord dans le ventre de la maman, après quoi il passe dans une tulipe, où une amie de sa mère, qui est sage-femme, va le chercher.

Il est vrai aussi que les enfants oublient partiellement les premières explications reçues. Mais il semble aussi que d'en avoir reçu les aide à en redemander et à envisager la sexualité avec plus de naturel et de simplicité.

Certaines personnes éprouvent la sexualité comme une impureté de la vie adulte et expriment le désir de voir leur enfant rester « pur » plus longtemps.

Il en est qui craignent que l'enfant ne soit dégoûté ou effrayé par la vérité. Ils expriment généralement là le sentiment qu'ils ont eux-mêmes éprouvé quand ils ont découvert la sexualité de façon pénible, par exemple tardivement, non à travers leurs parents, mais accidentellement à travers des propos d'adultes ou d'enfants.

Certains parents ne savent pas comment présenter les faits et paraissent toujours obligés de déformer la vérité parce qu'ils ne l'ont pas réellement acceptée.

Il en est qui se promettent d'expliquer tout cela à leur enfant, mais qui n'en trouvent jamais l'occasion : l'enfant pose une question mais ils ne se sentent pas prêts à répondre ; ils s'en tirent par une échappatoire et l'enfant, ensuite, ne demande plus rien. D'autres, au lieu de répondre simplement et directement aux questions, se croient obligés de donner des explications scientifiques qu'il ne peut pas comprendre. Enfin, citons le cas où les parents ne trouvent jamais le temps de parler avec leur enfant, ou encore considèrent toute explication ridicule et inutile.

Toutes ces attitudes des parents sont la conséquence de la gêne qu'ils éprouvent vis-à-vis de la sexualité. Cette gêne, ils la manifestent souvent aussi dans leurs attitudes personnelles : ils se cachent soigneusement des enfants pendant leur toilette, leur interdisant de toucher tout ce qui leur appartient, de fouiller dans leurs tiroirs, etc... Il règne dans ces familles une ambiance de mystère, plutôt que de pudeur, autour de tout ce qui touche de près ou de loin le monde spécifiquement adulte et plus spécialement « la sexualité ».

Ce mystère peut favoriser chez l'enfant le développement d'une curiosité, d'une envie, et même d'une certaine hostilité vis-à-vis des adultes qui, à ses yeux, semblent garder jalousement pour eux ce qu'il voudrait tant connaître et avoir, qui semblent même peut-être l'en priver délibérément. De ce fait peuvent naître chez l'enfant de la méfiance vis-à-vis des adultes, une tendance à dissimuler, à mentir, à voler. Il peut aussi se complaire dans des rêveries imaginatives qui sont colorées par le fait qu'il ressente la sexualité comme « défendue », « dangereuse ».

A l'opposé, l'envie de devenir adulte peut paraître coupable à l'enfant, car elle est associée à l'idée de prendre ce qu'on ne veut pas lui donner, ce qu'il est interdit de toucher et de posséder. Il peut alors avoir le sentiment que l'adulte ne désire pas qu'il devienne grand et, pour garder son estime et son affection, il peut enfouir au plus profond de lui-même ses sentiments naissants et demeurer un enfant sage mais inhibé et dépendant.

Au contraire, bien des parents savent reconnaître et acceptent comme naturel l'intérêt de l'enfant pour les questions sexuelles, si bien que les faits concernant la sexualité sont assimilés comme toute autre connaissance et soulèvent alors des sentiments moins conflictuels.

Les psychanalystes ont montré que la façon dont la sexualité infantile est ressentie et vécue modèle profondément les attitudes et les sentiments que l'enfant devenu adulte éprouvera vis-à-vis de la vie sexuelle, et qu'elle est en partie responsable de la qualité de son adaptation à la sexualité adulte.

3.

Orientation des sentiments vis-à-vis des parents

L'enfant éprouve des plaisirs, des joies et des peines différents avec chacun de ses parents dès sa première année. Les différences vagues et confuses qu'il perçoit entre eux au début se précisent peu à peu.

Entre 2 et 5 ans, en même temps que se fait l'acquisition intime, intérieure, de la notion de sexe, les sentiments de l'enfant vis-à-vis de chacun des parents prennent un caractère spécifique et évoluent.

Le sentiment d'attachement et d'amour dépendant se transforme en un sentiment « amoureux ». L'enfant voue au parent du sexe opposé au sien un élan passionné. Son admiration pour lui est sans limite et le pousse à adopter à son égard des attitudes de petit homme ou de petite femme, à lui plaire, à avoir avec lui un échange de sentiments, une complicité dans le bonheur qui est source de joie et de plénitude tant pour les parents que pour l'enfant.

Sentiments du garçon

1. Le sentiment d'amour du petit garçon pour sa mère s'intensifie et surtout prend un caractère spécial. Comme avant, il aime les caresses de sa mère mais il les recherche plus activement et aussi lui en prodigue.

> Quand Roland câline sa mère, son expression est sérieuse et intense, il s'étend à côté d'elle, prend un air important, pose sa tête sur sa potrine et il l'entoure de son bras d'un geste protecteur.

Le petit garçon cherche inconsciemment à affirmer sa virilité vis-à-vis de sa mère, de toutes sortes de façons.

Son sentiment amoureux s'exprime souvent ouvertement : « Quand je serai grand, je me marierai avec maman ».

L'enfant peut montrer une grande *sollicitude* pour sa mère : désir de l'aider, de faire des choses pour elle, et il éprouve joie et fierté quand elle le prend au sérieux et le charge de commissions ou de petits travaux mineurs dans la maison.

Il peut aussi vouloir faire preuve *de force, d'autorité, de protection*, et c'est un âge où volontiers le garçon prend des attitudes affirmées de petit homme par lesquelles il cherche à montrer sa puissance, sa valeur.

M. C... part en voyage ; il recommande à sa femme de bien se soigner ; Etienne, 5 ans, l'aîné de la famille, de s'écrier : « T'en fais pas, Papa, je suis là ».

Il peut aussi exprimer son amour par *un besoin accru de dépendance* ; il recherche constamment la présence de sa mère ; il est triste de s'en séparer, ne supporte pas de la laisser partir sans lui, ni de la quitter pour aller à l'école.

En fait le petit garçon n'a pas beaucoup de moyens à sa disposition pour faire face à l'intensité du sentiment qui se fait jour en lui et qu'il éprouve tout impulsivement. Il n'arrive pas toujours à exprimer ce sentiment sous une forme appréciée par sa mère.

Par exemple Mme K... gronde Grégoire qui se montre avec elle exigeant et tyrannique. L'enfant se sent petit et impuissant devant une mère qui le gronde, qui se fâche et qui exige de l'obéissance, alors que lui, il rêve d'être son chevalier servant admiré et victorieux.

2. De plus, dans cette recherche de lien étroit avec sa mère, l'enfant rencontre son père.

En effet la présence de celui-ci rompt le tête-à-tête enchanteur ; l'enfant se trouve exclu de l'intimité de ses parents ; on l'envoie au lit, tandis que les parents restent ensemble. Le soir devient pour lui un des moments enviables car il n'est pas sans sentir que ses parents aiment bien rester tranquillement entre eux.

C'est ainsi que le père devient, pour le petit garçon, l'objet d'un mélange de sentiments : il l'admire pour sa force, son habileté, sa grandeur ; il l'aime comme il a appris à l'aimer à travers toutes les activités et tous les jeux qu'ils ont pratiqués ensemble. Mais aussi il l'envie, se sent à côté de lui petit et impuissant. Il a l'impression que son père est toujours le plus fort, qu'il ne peut jamais l'égaler. Son père le gêne bien souvent dans ses rapports avec sa mère et en particulier le punit s'il devient « assommant » et « collant » : « Allons, tu es trop grand pour être sur les genoux, laisse ta mère tranquille. » Aussi le petit garçon, tout en désirant la présence de son père, souhaite-t-il également son absence.

Il rêve souvent : « Si papa ne revenait pas... » – « Je voudrais être seul tout le temps avec maman ». Mais l'enfant se sent effrayé de pouvoir penser et sentir cela. Il se sent coupable de ces sentiments.

En effet, il aime beaucoup son père et l'idée de sa disparition l'afflige. Il se sent méchant d'y penser. Il craint aussi que son père ne s'en aperçoive et n'en soit fâché. Il sent également que dans cette lutte le père sera le plus fort.

Le garçon se trouve donc partagé entre son amour et son agressivité, son admiration et son envie. Il est difficile de décrire sans le schématiser cet afflux de sentiments violents et plus ou moins contradictoires dont l'enfant est la proie. Il ne les ressent lui-même que d'une façon confuse et impulsive et il les extériorise comme il peut. Autant d'enfants, autant de réactions. Mais pour tous les enfants ces sentiments sont sérieux, intenses. Si l'adulte en sourit avec amusement, l'enfant, lui, y croit et les vit le plus souvent sans accepter aucune compromission.

Roland, à 2 ans et demi, adore sa mère. Il la câline souvent et surtout aime être à ses côtés. Toute son ambition est d'être aimé de sa mère et admiré. Assistant à un défilé militaire, il regarde de tous ses yeux. Avec une expression ardente et sérieuse, il s'écrie : « Quand je serai grand, j'aurai un grand chapeau et je marcherai avec un tambour ; maman sera sur le trottoir, elle me regardera et elle fera bravo ».

Cependant Roland pleure quand on lui dit qu'il sera plus tard un « papa ». « Non, je veux être une maman ». Dans son amour pour elle, il veut être comme elle et non comme son père. Le besoin de fusion est ressenti par lui comme un besoin d'identité. Ce besoin d'être différent de son père tient sans doute à ce que son père le gronde souvent car il est agacé par les exigences de Roland vis-à-vis de sa mère. A cette époque, l'amour de Roland pour sa mère se traduit, en effet, par une recrudescence de ses besoins de dépendance.

Cette dépendance paraît excessive à son père qui voudrait avoir un « grand » garçon plus viril. Mais pour Roland, à 3 ans, c'est justement là sa façon d'être viril. Sa mère, plus tolérante dans l'ensemble, s'impatiente néanmoins devant ce garçon qui, à 3 ans passés, ne la laisse pas partir sans pleurer. Pour Roland, devenir grand, c'est laisser partir maman, c'est partir au travail, à l'école, c'est la perdre. Roland, qui se sent poussé par des parents à être « grand » et plus « viril », craint de perdre sa mère. Il préfère rester bébé et même il souhaite être fille. Il le dit souvent : « Je veux être une fille », peut-être parce qu'il ne sent pas ses élans de garçon appréciés, peut-être aussi parce que sa soeur, à cette époque, est plus sage et moins souvent grondée. Quand il reçoit sa première cravate (3 ans), il est déçu ; il aurait tant voulu une jupe. Pourtant, à la même époque, il invente des jeux où il indique également des désirs plus virils : il est Dieu et il gouverne avec une autorité toute paternelle sa soeur et ses petites amies qui sont les nuages et les étoiles.

Sentiments de la fille

1. La petite fille se tourne vers son père, qui devient son favori. Elle essaye de l'accaparer, et devient avec lui coquette, enjôleuse, obéissante. Elle est à sa dévotion.

Sitôt que son père arrive, Sylviane montre, dès l'âge de 2 ans, une grande joie et elle délaisse tout le monde pour son père. Elle le suit partout, veut que ce soit lui qui la couche, qui la lave. Quand son père et sa mère après le déjeuner sont étendus sur l'herbe, Sylviane s'insinue entre eux, se serre contre son père et insensiblement écarte sa mère.

La petite fille qui éprouve cet amour intense pour son père a le désir d'être seule avec lui et d'éliminer sa mère.

Anne-Marie, devenue adolescente, raconte sa joie au cours de vacances, à l'âge de 6 ans, quand elle sortait seule avec son père tandis que sa mère restait à la maison pour s'occuper du déjeuner. Elle se sentait fière et heureuse d'être seule à seul avec lui – c'était « comme une victoire ». Il lui achetait un gâteau, lui faisait faire un tour de chevaux de bois et ces gâteries avaient pour elle une saveur toute particulière. Elle sentait une véritable alliance entre elle et lui, et était contente de laisser sa mère derrière.

2. Il y a alors toute une période pendant laquelle la petite fille devient difficile, capricieuse, opposante avec sa mère. Elle refuse de lui obéir, alors qu'avec son père elle est tout amour, tendresse et soumission. Cependant ses sentiments vis-à-vis de sa mère sont conflictuels. En effet, elle est effrayée de sentir en elle ce désir d'éliminer sa mère alors qu'elle lui est encore tellement attachée. Ses brusques envies de la déserter, ses accès d'hostilité lui donnent le sentiment de la perdre. Attribuant à sa mère ses propres sentiments, elle a parfois l'impression que sa mère ne l'aime plus ; ce qui s'accentue encore lorsque celle-ci, agacée par cette fille opposante et hostile, se fâche contre elle.

Sylviane à 3 ans et demi, quand son père est là, ne veut plus rien faire avec sa mère. Si sa mère la déshabille, l'emmène se coucher, elle se débat, la repousse, crie : « Non, c'est papa ». Quand sa mère s'oppose à elle, Sylviane furieuse lui dit : « Méchante, tu es méchante, je ne t'aime plus », ou encore, une autre fois : « Puisque c'est ça je vais partir, loin, loin, tu ne me reverras jamais » ; mais ce même jour, soudain elle s'élance dans les bras de sa mère et insiste : « Dis maman, tu m'aimes ? » et se le fait redire plusieurs fois ; « Bien sûr, lui répond Mme D...

c'est toi tout à l'heure qui m'as dit que tu ne m'aimais plus, et que tu voulais partir. »

3. On voit donc que les sentiments des enfants vis-à-vis de leurs parents évoluent avec l'éclosion des impulsions sexuelles. L'enfant se trouve engagé dans une situation affective que Freud a appelée « complexe d'Oedipe » et qui est caractérisée comme nous l'avons vu par :

– les sentiments d'amour de l'enfant pour le parent du sexe différent,
– les sentiments d'hostilité et de rivalité vis-à-vis du parent de sexe semblable.

L'évolution de ces sentiments aboutit, nous le verrons plus loin, à la mise en marche d'un processus d'identification au parent du même sexe et à l'intériorisation des sentiments de culpabilité.

Vicissitudes de la situation oedipienne

Le déroulement de la situation oedipienne peut subir de nombreuses vicissitudes.

Il semble bien que dans beaucoup de familles cette période soit difficile pour enfants et parents. Certaines difficultés viennent comme on l'a vu de l'enfant lui-même, de son incapacité à exprimer ses sentiments, de son refus à accepter une réalité contraire à ses rêves. Les parents de leur côté peuvent être à l'origine de difficultés supplémentaires lorsqu'ils ne comprennent pas, ne tolèrent pas et ne répondent pas aux sentiments de l'enfant. Il en résulte des frottements dans les relations entre parents et enfants qui modifient les sentiments d'amour et d'hostilité de l'enfant vis-à-vis de ses parents, et qui donnent une importance nouvelle aux sentiments naissants de culpabilité.

1. Comme nous l'avons vu, le sentiment d'amour éprouvé par l'enfant lui procure une satisfaction profonde mais se heurte forcément à des limitations qui sont décevantes et irritantes : il finit toujours par se heurter au fait qu'il est un enfant, qu'on ne le prend pas au sérieux et qu'il doit avant tout penser à obéir.

Cette déception, qui tient à sa situation, est un facteur dynamique d'évolution affective ; c'est elle qui favorise le transfert des sentiments de l'enfant sur d'autres personnes que ses parents et qui le pousse à trouver en dehors de sa famille d'autres satisfactions affectives. C'est elle qui l'aide à renoncer en partie à ces sentiments, les mettant en réserve pour plus tard, quand il deviendra adulte.

Cependant tous les enfants ne montrent pas une égale aptitude à évoluer favorablement. Nous avons vu comment leurs sentiments peuvent demeurer confus, s'exprimer maladroitement, être responsables de comportements pour lesquels ils se font punir. Ils peuvent alors être troublés par cette situation émotionnelle et y réagir par un découragement et un renoncement total, ou par des crises d'hostilité et d'opposition.

Il semble que, pour évoluer favorablement, l'enfant ait besoin d'être compris dans son sentiment d'amour et ait besoin que ses parents y répondent. Il a besoin de se sentir aimé, apprécié pour ses attitudes viriles ou féminines.

Beaucoup de parents non seulement répondent avec joie et amusement aux nouveaux sentiments de l'enfant, mais, par leur attitude, ils stimulent leur éclosion et en éprouvent une grande satisfaction. Il n'est pas rare qu'à cet âge la mère ait une prédilection pour son fils et le père pour sa petite fille. L'enfant en est très heureux : d'une part il ressent beaucoup moins la déception due aux limitations qu'il rencontre, d'autre part il se sent heureux d'être garçon ou fille.

Par contre certains parents répondent mal aux sentiments d'amour de leur enfant. Leur façon de réagir, loin de l'aider, renforce ou crée de toutes pièces chez lui des réactions d'inhibition ou de révolte.

Par exemple, un père peut se laisser absorber par ses occupations, par sa femme, éprouver peu d'intérêt pour les enfants en général, et ne pas remarquer les avances de sa petite fille ; tout en étant « gentil » avec elle, il lui prête peu d'attention, ne la regarde guère et n'a pas la moindre idée de ses sentiments. La fillette peut être profondément blessée ; elle peut finir par sentir plus ou moins confusément qu'elle n'est pas digne d'être aimée.

Elle réprime alors ses sentiments pour son père et reste dépendante de sa mère, conservant la forme de relation à deux antérieurement satisfaisante. Mais elle manque une étape importante de son développement et plus tard peut rester inhibée vis-à-vis des hommes, peu assurée, dépendante de sa famille. Ou encore, déçue dans l'expression de sa féminité, elle peut refuser son sexe et devenir une de ces nombreuses « éternel garçon manqué ».

A l'opposé, assez fréquemment, les parents abusent des sentiments de leur enfant : ils se laissent ardemment cajoler, font des promesses qu'ils ne pourront tenir, traitent l'enfant en « petit mari » ou en « petite femme », sans se rendre compte à quel point l'enfant prend la situation au sérieux ; puis soudain et sans ménagements ils l'abandonnent pour leurs occupations et relations d'adulte d'où l'enfant est exclu.

2. Il peut arriver que les parents ne tolèrent pas les manifestations d'amour de leur enfant. Une mère, par exemple, n'admet pas toujours les manifestations de virilité de son petit garçon lorsqu'elles s'expriment par des exigences vis-à-vis d'elle et un besoin de la faire céder. De même, elle n'est pas toujours disponible pour répondre à son élan passionné un peu trop envahissant. Il en est ainsi de la mère de Grégoire.

> Grégoire, comme Roland, exprime ses sentiments d'amour vis-à-vis de sa mère bien maladroitement, à travers des tentatives de domination alternant avec des moments de dépendance exagérée que sa mère ne peut supporter.

Lorsqu'elle l'amène à la consultation à l'âge de 5 ans, elle le présente comme étant un enfant malheureux, insatisfait et insupportable. Il est jaloux de son petit frère, âgé de 3 ans, et constamment fait le bébé, grogne, pleure pour attirer l'attention de sa mère. Par ailleurs, il est tyrannique avec elle, veut qu'elle soit à sa dévotion et essaye de la dominer par des colères au cours desquelles il lui arrive de la battre et de lui donner des coups de pieds.

Mme K... se présente comme une femme très soucieuse de bien élever ses enfants. Elle fait preuve de qualités maternelles et de chaleur affective vis-à-vis d'eux. Elle n'a pas de problèmes avec le plus jeune mais est déconcertée et peinée par son aîné, dont elle ne vient pas à bout et qui finit par tant l'irriter qu'elle a le sentiment de déjà moins l'aimer. Elle s'inquiète de sentir Grégoire malheureux, se sent responsable et tour à tour on la sent intensément malheureuse, coupable, puis irritée et fâchée.

En parlant, Mme K... montre qu'elle est vivement affectée par les sentiments de Grégoire à son égard et ne les comprend ni ne les accepte. Elle en vient rapidement à comparer l'effet que lui produit Grégoire avec l'effet que lui produisait autrefois son père qui, par sa tyrannie, son égoïsme et ses exigences, avait tant fait souffrir, dit-elle, sa mère et elle-même.

Il lui semble retrouver cela dans chacun des comportements de son fils, qui lui devient ainsi insupportable. De plus, Mme K... a choisi comme époux un homme d'un milieu intellectuellement plus simple . il est avec elle prévenant et affectueux et ce sont ces qualités si opposées à celles de son père qui ont déterminé son choix. Le début de l'union a été heureux, mais à l'époque où Grégoire devient difficile, Mme K... commence à moins apprécier les qualités de son mari : elles lui semblent aller de pair avec une certaine médiocrité dont elle souffre.

Il est aisé de voir comment les sentiments maternels de Mme K... peuvent être troublés par la virilité naissante de son petit garçon qu'elle ne veut ni fort comme son père, ni faible comme son mari. Elle est autant irritée par les pleurs et la dépendance de Grégoire, qui symbolisent pour elle une faiblesse qu'elle méprise, que fâchée par les exigences ou la rébellion, qui représentent la méchanceté de son père. Elle est forcément insatisfaite et ne peut pas être disponible aux sentiments de l'enfant.

On comprend comment Grégoire, qui est en train de subir et d'éprouver ses premiers sentiments amoureux pour sa mère et qui ne sait les exprimer autrement, peut être perturbé de voir ses sentiments rejetés par sa mère alors qu'il a besoin d'être aidé à trouver une meilleure façon de les exprimer.

Des exemples de ce genre ne sont pas rares. Ils risquent de faire dévier les sentiments amoureux d'un petit garçon, tantôt le maintenant dans un état de dépendance et d'immaturité, tantôt l'entraînant vers un désir compulsif de domination et de tyrannie. Cette dernière se produit, par exemple, lorsqu'une mère, atteinte par la « méchanceté » de l'enfant, lui oppose une attitude de victime gémissante et impuissante. Le garçon peut y trouver du plaisir et persévérer dans cette attitude ; ainsi se crée entre mère et fils un lien à caractère sado-masochiste pénible, destructeur et persistant que l'enfant pourra avoir tendance à reproduire dans ses relations amoureuses ultérieures lorsqu'il deviendra adulte.

On voit donc ici encore comment les réactions de l'enfant vis-à-vis de la situation oedipienne sont étroitement dépendantes des sentiments et des réactions de ses parents. Nous retrouverons cette notion tout au long du développement de l'enfant.

3. On a vu comment l'intensité du sentiment amoureux fait naître le désir de posséder pour soi tout seul l'objet de son amour et le désir d'exclure de cette relation l'autre parent. De plus l'enfant devient conscient de l'amour des parents entre eux ; de ce fait, il éprouve des sentiments d'hostilité et de rivalité vis-à-vis du parent du même sexe, sentiments qu'il tend à exprimer par des attitudes d'opposition agressive.

Mais, face à ce sentiment d'hostilité, l'enfant rencontre non seulement sa propre faiblesse mais ses sentiments d'affection pour son « rival ». Aussi est-il inquiet de ce désir impulsif d'éliminer un être qu'il aime, et qui est plus fort que lui.

Il n'est certes pas facile pour lui de mettre en accord ses sentiments d'hostilité et d'affection et de faire face à une *ambivalence* qui est pénible et inquiétante.

Là encore l'enfant est, selon sa nature, plus ou moins sensible à cette situation ; mais les parents eux aussi, par leur attitude, leur plus ou moins bonne entente entre eux, leur degré de tolérance et de compréhension des difficultés de l'enfant, peuvent beaucoup atténuer ou, au contraire, exacerber ces conflits.

Comme il a été dit à propos de l'enfant de un à deux ans, la compréhension par les parents de l'hostilité et de l'agressivité d'un enfant leur dicte des attitudes qui lui permettent d'accepter des limitations fermes et de trouver une satisfaction partielle de ses désirs.

> Par exemple : Mme D... a du plaisir à voir Sylviane et son père s'aimer si passionnément. Elle sait respecter cet élan de l'enfant et ne pas interrompre inutilement et brutalement ses jeux avec son père. Lorsque Sylviane est méchante, sa mère la gronde ; mais quand Sylviane, inquiète, témoigne à nouveau son amour, Mme D... sans lui garder rancune la câline et la rassure. M. D... de son côté, sait lui-même interrompre lorsqu'il est temps les bonnes parties qu'il fait avec Sylviane, pour la mener faire sa toilette et la coucher, montrant ainsi son accord tacite avec sa femme au sujet des règles de vie qui conviennent aux enfants. Lorsque Sylviane résiste à cette discipline, il sait l'imposer lui-même avec fermeté sans trop céder aux charmes de sa petite fille.

En ceci Monsieur et Madame D... agissent sans se concerter ; ils adoptent d'instinct une attitude qui répond aux sentiments qu'ils éprouvent l'un et l'autre pour l'enfant et ses problèmes.

4. Il peut arriver au contraire qu'un des parents, pour se concilier l'enfant, soit qu'il redoute son hostilité, soit qu'il se laisse prendre par son attitude sé-

ductrice, lui cède tout, prenant le contre-pied de son conjoint.

Ou encore, lorsque la mésentente règne entre les parents, l'un d'eux peut faire alliance avec les sentiments hostiles de l'enfant. Un petit garçon dont la mère est hostile à son mari peut arriver à trouver auprès d'elle une confirmation à ses propres sentiments. Il pense son père méchant, il s'interdit de lui ressembler de peur de perdre, lui aussi, l'amour de sa mère, mais cet interdit peut entraver profondément son évolution.

Assez souvent l'hostilité de l'enfant est pénible pour les parents ; ils peuvent se sentir moins aimés de lui et comme désertés par lui.

> C'est les larmes aux yeux que Mme X... m'explique combien sa petite fille si affectueuse autrefois est devenue méchante avec elle. « Pensez, elle m'a dit qu'elle nc m'aimait plus, qu'elle serait contente si je partais. Ah, avec son père, c'est une autre histoire ! »
>
> M. J... est vexé et peiné quand, rentrant chez lui le soir, il voit son fils âgé de 2 ans et demi s'enfermer avec sa mère dans sa chambre à coucher après lui avoir claqué la porte au nez. Il trouve cela inadmissible et lui donne « une bonne fessée ».

Dans tous les cas où les parents répondent aux sentiments de l'enfant par des attitudes agressives ou séductrices, ils l'entraînent à sentir que ses propres sentiments sont agissants donc redoutables et ceci d'autant plus que l'enfant à cet âge mélange bien souvent l'imaginaire et le réel. Les sentiments d'hostilité des parents cristallisent en lui ses propres sentiments et entraînent une exagération tantôt de son opposition, tantôt de ses sentiments de culpabilité.

Au contraire, dans cette situation, l'enfant a besoin que ses parents montrent de la compréhension. Cependant, comme il a été dit pour l'enfant de 1 à 2 ans, « comprendre » n'est pas synonyme de « laisser faire ». L'enfant se sent protégé par les limitations que les parents imposent à ses manifestations d'hostilité, à condition que ces limitations soient imposées avec fermeté mais sans agressivité. La petite fille a besoin de sentir que son père ne tolère pas qu'elle soit méchante avec sa mère ; le petit garçon doit savoir que sa mère souhaite qu'il aime son père. On peut aider l'enfant à trouver comment exprimer son hostilité sous une forme que ses parents puissent accepter et qui de ce fait cesse d'être menaçante pour lui.

[illegible] parent [illegible] en lui ses propres sentiments, et entraînent une exacerbation [illegible] de son opposition, de sa rébellion, de ce conflit.

4.

Evolution des conflits oedipiens

On voit que l'éclosion de la sexualité met l'enfant face à face avec des sentiments conflictuels. Cette situation affective subit de très nombreuses variantes et se présente avec un aspect particulier selon chacun.

1. La description qui a été donnée est très schématique. En effet, chacun des conflits a été exposé séparément, alors que l'enfant les vit et les subit tous ensemble et que sa conduite est une réponse à une situation affective globale et non à un conflit particulier.

Par exemple, les caprices de Sylviane avec sa mère sont à la fois l'expression de sa jalousie vis-à-vis de Roland et de sa déception vis-à-vis de ce qu'elle ressent comme un abandon partiel de sa mère ; ils sont dus aussi à son désir d'avoir son père pour elle seule, etc.

Les divers conflits affectifs sont étroitement liés entre eux, interdépendants et inter-réagissants.

La naissance de Roland a suscité la jalousie de Sylviane ; la jalousie a été renforcée par la différence de sexe ; la différence de sexe a été ressentie davantage du fait de la naissance de ce nouveau venu dont elle sent qu'il a pris partiellement sa place auprès de sa mère. Tout ceci provoque et favorise son détachement de sa mère, son élan vers son père. Avec son père, que le bébé n'intéresse pas encore beaucoup, elle se retrouve être l'enfant unique et bientôt la « fille » unique – ceci d'autant plus que son père subit le charme de sa petite fille et répond à son élan.

2. Bien entendu, enfants et parents sont exposés à tous ces sentiments sans en avoir une connaissance consciente.

Sylviane ne serait pas capable de dire ou de reconnaître ce qu'elle éprouve ; consciemment elle ressent tantôt plaisir et excitation, tantôt agacement, inquiétude et irritation. Ses réactions sont impulsives, non calculées, non raisonnées. Elles déterminent cependant son comportement, ses attitudes vis-à-vis de telle ou telle personne, son jeu, ses rêveries.

C'est dans ce sens que l'on peut dire que le comportement a une signification profonde et qu'il est la résultante des diverses forces affectives. Il représente à la fois une possibilité d'expression et un moyen de résoudre les tensions soulevées par les états émotionnels.

L'enfant, à travers son comportement, cherche à réaliser un équilibre où il puisse satisfaire ses sentiments et ses besoins tout en échappant à l'inconfort et au désagrément du conflit. Il fait alors appel à de nouveaux moyens.

D'une part se précise et s'intériorise un sentiment de culpabilité que nous avons déjà vu apparaître au cours de la deuxième année. Ce sentiment pousse l'enfant à renoncer à certains désirs et à trouver des solutions qui n'engendrent pas de conflits avec ses parents. D'autre part, devant l'impossibilité de satisfaire totalement ses sentiments et cherchant à échapper aux sentiments de culpabilité qu'éveille en lui son ambivalence, il évolue dans ses désirs et dans ses plaisirs et se trouve entraîné vers un processus d'*identification* qui l'absorbe et qui lui apporte compensations et satisfactions. Enfin, à travers ses rêveries et ses jeux, il peut donner libre cours à beaucoup de ses tendances profondes. A les exprimer ainsi dans une situation réelle, il trouve une satisfaction partielle sans créer de conflits.

Développement des sentiments de culpabilité

L'apparition et le développement en l'enfant d'un sentiment de culpabilité deviennent une force supplémentaire agissante et déterminante dans son comportement.

1. Nous avons vu apparaître ce sentiment au cours de la deuxième année, au fur et à mesure que, rencontrant de l'opposition de la part de ses parents, l'enfant éprouvait des sentiments agressifs à leur

égard. La peur qu'il éprouve de son agressivité vient, nous l'avons vu, de la menace qu'elle représente pour lui de perdre sa mère et son amour dont il a tant besoin. L'enfant découvre qu'il est, en dernier ressort, plus heureux de faire plaisir à ses parents et de renoncer à son impulsion que de suivre celle-ci. Il commence alors à prendre à son compte les interdits et, chaque fois qu'il est tenté de céder à ses impulsions, il sent naître une inquiétude qui est à l'origine du sentiment de culpabilité.

Ce sentiment, l'enfant le rencontre constamment au cours de cette période oedipienne ; l'intérêt soulevé en lui par la prise de conscience de son sexe, par la différence des sexes, par ses sentiments nouveaux pour ses parents, rencontre, nous l'avons vu, de multiples limitations et, de ce fait, fait naître en lui des sentiments agressifs. Pendant cette période, le sentiment de culpabilité prend donc une place importante ; il devient une force intérieure (*Surmoi*) qui influence son comportement, lui permettant tantôt de donner satisfaction à ses impulsions, tantôt l'obligeant à y renoncer.

2. La façon dont naît et se développe le *surmoi* est d'importance majeure pour le développement de la personnalité. L'enfant doit, en effet, établir un équilibre harmonieux entre permissions et interdits, entre forces instinctuelles et surmoi, apprenant à donner en partie libre cours à ses désirs, en partie à les réprimer. En effet, l'incapacité à supporter frustrations et interdits ouvre la porte aux comporte-

ments asociaux, alors que l'incapacité à satisfaire les exigences instinctives est génératrice d'inhibition et de névrose.

Les sentiments de culpabilité exagérément développés peuvent entraîner l'enfant à renoncer à toutes ses impulsions, à tous ses désirs propres, parce qu'il les sent coupables : il devient alors un enfant inhibé, timide, généralement peureux et dépendant. L'enfant qui a peur de ses sentiments sexuels ou agressifs en les refoulant au plus profond de lui-même se coupe, en même temps, de tout l'élan et de toute l'énergie dont ils sont chargés. Ces enfants sont doux, sages, faciles, mais aussi souvent anorexiques, fatigués, maladifs, peu épanouis, grognons. Tel était le cas de Christian déjà décrit[1].

A l'opposé, l'enfant peut s'insurger contre son surmoi naissant, cherchant à s'affirmer bruyamment, à se prouver constamment sa force, niant obstinément l'existence de limitations et d'obstacles, usant toute son énergie dans une lutte d'opposition destructrice. Son agressivité est une réaction de révolte contre les sentiments de culpabilité, mais cette agressivité exacerbe sa culpabilité, ce qui exagère à son tour l'agressivité. L'enfant essaye de dominer son entourage, tente de lui faire peur. Il y parvient en général, il est la terreur de sa famille ; celle-ci craint sa violence, sa méchanceté, contre lesquelles rien ne semble agir. Ces rages sont angoissantes pour lui. Lorsqu'il s'endort, ses sentiments de culpa-

1. Voir page 58.

bilité prennent souvent le dessus et il se réveille subitement en proie à des terreurs nocturnes, au cours desquelles il rêve qu'il est attaqué et dévoré par des monstres.

3. La qualité, la forme particulière, l'intensité des sentiments de culpabilité, sont en grande partie déterminées par la façon dont les interdits des parents sont ressentis par les enfants. Elles dépendent, en partie peut-être, des prédispositions de l'enfant, mais beaucoup aussi de ses expériences antérieures, du degré de compréhension, de tolérance, de fermeté ou de faiblesse, d'agressivité, avec lequel chacun des parents présentent les interdits. C'est la raison pour laquelle nous avons insisté, à l'occasion de chacun des problèmes soulevés par la sexualité, sur les attitudes des parents et leurs effets sur le développement de la personnalité de l'enfant.

Nous avons vu, par exemple, qu'il n'était pas toujours aisé, pour les parents, d'accepter le sexe de leur enfant, les diverses manifestations de la vie sexuelle naissante. Dans ce cas l'enfant qui, par sa nature et son développement, est l'objet d'impulsions liées à sa sexualité, les sent coupables. En effet, s'il y cède, il risque de fâcher ses parents. D'où pour lui un état d'insécurité angoissant qui tantôt l'entraîne dans un conflit d'opposition sans fin, tantôt l'amène à refouler tous ses désirs et impulsions sexuelles et à se maintenir à un niveau antérieur de développement.

Nous avons vu, au contraire, à travers de nombreux exemples, comment Sylviane et Roland trouvaient à tâtons leur chemin entre satisfaction et renoncement.

Le processus d'identification

1. Les sentiments d'amour et d'hostilité de l'enfant vis-à-vis de ses parents, se heurtant à une impasse, vont évoluer.

En effet, de ce rival qu'il aime et qui est plus fort que lui, l'enfant se rapproche. Voulant prendre sa place, il cherche à l'imiter et, de ce fait, partage bientôt ses activités. Il trouve une grande satisfaction à faire comme son père ou sa mère, et le plaisir qu'il en éprouve fait tomber en partie son hostilité et lui fait redécouvrir un sentiment de tendresse pour ce parent qu'il admire.

Il se confond avec lui, le pare de toutes les vertus que lui-même ambitionne : « Mon papa à moi, il est fort, il peut se battre seul contre dix hommes » ; « Maman, c'est la plus jolie ». L'admiration de l'enfant de cet âge pour ses parents est sans limites et, dans leurs conversations entre eux, les enfants cherchent souvent à prouver la supériorité de leurs propres parents.

L'enfant, dans ses jeux et dans ses activités, montre un intérêt de plus en plus vif pour les activités du parent du même sexe.

Roland, vers l'âge de 5 ans, après une assez longue période de dépendance que nous avons décrite, renonce peu à peu à l'intensité de son attachement pour sa mère à mesure qu'il découvre le plaisir de la force et de l'habileté. Quand son père est à la maison, il passe des moments de plus en plus longs auprès de lui, dans le jardin, à bricoler. Il se plaît de plus en plus en sa compagnie, adopte ses gestes, une partie de ses goûts pour telle ou telle activité. Il se désintéresse presque totalement des jouets de sa soeur, mais, fier de sa force, il aime la servir comme un petit chevalier servant.

Un jour où Sylviane et sa petite amie perdent une balle dans le jardin voisin, « ne vous en faites pas », les rassure-t-il ; et, avec acharnement, il s'emploie à franchir la grille. Fièrement il apporte la balle. Les deux filles semblent y prendre plaisir et à plusieurs reprises, toujours avec le même émoi apparent, elles perdent leur balle ; chaque fois les trois enfants revivent avec émotion l'escalade de Roland, le sauveur.

De même, Sylviane trouve auprès de sa mère un encouragement à ses désirs de petite femme : celle-ci lui prête volontiers les affaires du bébé pour soigner sa poupée, elle favorise largement tous les « tripotages » de vaisselle, lavage de linge. Elle s'amuse de la coquetterie de sa fille, est fière de sa réussite, de la voir danser si bien, etc... – De temps en temps cependant l'enfant se prend au sérieux et dépasse les limites permises. Sylviane chipe les culottes et les lainages du bébé que sa mère ne lui donne pas et les cache dans ses tiroirs à elle ; elle prend subrepticement l'eau de Cologne de sa mère et cire tous les meubles de la maison.

Par un beau jour d'été, elle sort seule de la maison et pendant quelques minutes va réaliser son rêve : elle prend son petit sac à main contenant la menue monnaie que sa mère lui donne, sa voiture de poupée, et fièrement, toute seule, emmène son bébé au parc. Là elle lui achète une glace qu'elle mange à sa place. Quand sa mère la retrouve et l'aperçoit au loin, elle ne peut s'empêcher de sourire de l'air crâne et parfaitement assuré de Sylviane qui promène dignement son bébé. Cependant, quand subitement Sylviane voit sa mère, sa sérénité disparaît d'un seul coup ; comme elle pleure et se sent humiliée quand sa mère l'emmène à la maison et la met au lit ! Mais Sylviane doit apprendre qu'il est défendu à 3 ans et demi d'aller seule au parc.

C'est à travers la répétition d'une multitude d'expériences heureuses et malheureuses que l'enfant parvient à sentir que ses sentiments ne sont pas coupables, mais qu'il y a des façons acceptables ou inacceptables de les exprimer.

Le plus souvent, les parents soutiennent l'intérêt de l'enfant, heureux de se retrouver en lui. Par exemple, le père s'associe aux désirs virils de son petit garçon et sait le faire participer à ses activités, lui confier certaines responsabilités, encourager ses efforts en faisant de lui un allié, non un rival ; le garçon, en retour, éprouve un intérêt tout spécial pour son père, et dépense son énergie à vouloir devenir comme lui.

Quand Roland joue auprès de son père, il est remarquable de voir combien celui-ci est patient, tolérant et encourageant : le laissant faire seul, sachant l'intéresser quand il sent l'enfant se décourager ; laissant l'enfant s'échapper comme il l'avait laissé venir spontanément, « même si ce n'est pas terminé », sachant éventuellement terminer lui-même tout en laissant la gloire à l'enfant.

2. Tout à la satisfaction et à la joie de partager les activités du parent du même sexe, et de s'imaginer dans son rôle futur d'homme ou de femme, l'enfant oublie un peu son objet d'amour qui ne lui apporte pas toutes les satisfactions souhaitées et il s'en détache. Son sentiment devient moins passionné. Parfois il garde le secret espoir de réaliser son rêve plus tard « quand il sera grand ». – Ses amours se portent sur d'autres adultes, amis de ses parents, ou sur des enfants de son âge et de sexe différent. C'est l'âge de fiançailles que l'enfant prend d'ailleurs sur le moment très au sérieux.

Grâce à toute cette évolution, l'enfant échappe peu à peu à l'intensité de ses désirs et aux sentiments de culpabilité et d'angoisse qu'ils éveillent. Il tend à mettre ses parents davantage sur un même plan ; amour passionné et hostilité tombent, laissant place à un sentiment de tendresse plus calme et moins conflictuel.

L'enfant arrive alors à trouver sa place auprès de chacun de ses parents ; il trouve auprès d'eux la tendresse et une sécurité affective qui lui donnent la force et le désir de rechercher au dehors des satisfactions autres : rapports avec d'autres adultes, d'autres enfants, et un désir tout neuf pour s'adapter au réel, pour apprendre et pour connaître le monde dans lequel il vit. Il est prêt alors à profiter de l'école.

Facteurs influençant le processus d'identification

Le processus d'identification, extrêmement complexe, lent, s'étale sur plusieurs années ; son évolution n'est pas toujours facile.

Dans les cas favorables, le petit garçon est guidé dans son orientation sexuelle et affective par son désir de devenir semblable à l'image de son père pour plaire à sa mère ; la petite fille, de son côté, cherche, pour plaire à son père, à devenir l'égale de sa mère. Mais il arrive que certains facteurs s'opposent à la naissance de ces sentiments et créent des perturbations dans le processus d'identification.

L'enfant peut refuser la complexité de la situation oedipienne ; refoulant toutes ses tendances, il demeure affectivement « asexué et dépendant ». Ou bien il refuse son sexe et tend à s'identifier au parent du sexe opposé – ou demeure à un stade intermédiaire d'ambivalence.

Dans tous ces cas, l'enfant reste inquiet, insatisfait, coupable, et présente divers troubles réactionnels qui entravent son adaptation au réel et créent des difficultés nouvelles entre parents et enfants.

En fait, pour que l'enfant évolue favorablement, il a besoin d'être soutenu par l'approbation tacite de ses parents, il a besoin de sentir leur sympathie et leur soutien pour ses sentiments.

1. Assez souvent, par exemple, les parents ne comprennent pas l'importance des activités d'identification de l'enfant, ne sentent pas à quels besoins affectifs sous-jacents elles répondent. Ils écartent leur enfant et ses activités quotidiennes parce qu'il les gêne ; ils critiquent ou ne prêtent pas d'attention au dernier chef-d'oeuvre dont l'enfant se sentait si fier ; ils ne supportent pas que l'enfant ne finisse pas ce qu'il a commencé, arrêtent ses jeux ou les transforment en corvées qui ne l'intéressent plus. Sans s'en rendre compte, ils adoptent, vis-à-vis de lui, une attitude infériorisante et dévalorisante qui imprègne tout leur comportement. Ils le dominent par leur supériorité, leur force, leur intelligence ; ils sont sensibles aux limitations de ses capacités, qu'ils critiquent, au lieu de se réjouir de ses capacités naissantes et de les encourager.

Mme C..., lorsque Micheline a 5 ans, se plaint amèrement de ce que sa fille est tout le temps dans ses jambes et veut toujours se mêler de tout : elle veut repasser avec elle, laver, etc... Cela dérange et impatiente Mme C. qui ne montre aucune sympathie pour les désirs de sa fillette. Lorsque Micheline a 8 ans, Mme C... se plaint qu'elle refuse toujours d'aider alors qu'elle serait en âge de le faire.

M. R..., lui, voudrait que son fils âgé de 5 ans soit déjà fort et sportif comme lui. Il entraîne l'enfant au-delà de ses forces et, alors que Christian souhaite intérieurement lutter, courir, « faire du vélo », il n'ose pas le manifester à son père car il craint l'échec et ses réprimandes agacées.

De telles attitudes découragent les enfants, les dévalorisent, font naître en eux un sentiment d'infériorité, une peur de grandir et de devenir adulte.

2. La personnalité des parents, leurs sentiments souvent inconscients et leurs attitudes vis-à-vis des impulsions sexuelles et affectives de leur enfant, les difficultés dans les relations conjugales, peuvent venir perturber profondément le processus d'identification. Nous en donnerons deux exemples :

Guy est fils unique. Ses parents sont en assez profonde discorde. Sa mère est jolie, apparemment féminine, distinguée, raffinée. Elle supporte mal le caractère impétueux et souvent brutal de son mari. Mme B... est le plus souvent fatiguée, déprimée, insatisfaite. Elle se refuse à son mari, qu'elle juge brutal, insensible et indélicat et dont elle redoute les exigences. Alors que M. B... a un certain prestige social, dû à sa réussite professionnelle, et a besoin d'être apprécié et loué, dans la vie quotidienne son enthousiasme et sa vitalité se heurtent constamment aux critiques de sa femme et à ses remarques.

La naissance de Guy renforce ce conflit plus qu'elle ne l'atténue. Mme B... cherche en effet une compensation auprès de son fils. Guy lui voue dès l'âge de 2 ans et demi un amour passionné. C'est un très joli petit garçon, fin, délicat, sensible et affectueux. Pour lui plaire et répondre aux aspirations de sa mère, il se développe en enfant doux, caressant ; il ne montre aucune agressivité, n'aime pas les jeux de garçons. Il plaint sa mère, il devient « sa consolation », et éprouve rancune et hostilité vis-à-vis de son père. Ses sentiments ne peuvent évoluer, car sa mère a besoin de lui ; pour lui plaire il doit être comme elle et non comme son père. A 6 ans il est un petit garçon « très bien élevé », facile, obéissant, affectueux, efféminé. Il n'a pas d'amis. Il est très pusillanime, peureux, pleurant pour un rien, se faisant traiter de « fille » par ses camarades d'école.

L'enfant a besoin de sentir ses parents heureux et en accord. Les mauvais rapports entre parents sont effrayants pour lui, ils rendent la sexualité redoutable et peuvent l'amener à refouler ou à mal orienter sa sexualité.

Micheline est la fille aînée d'une famille de deux enfants vivants. Sa mère, jeune femme brune, frêle, est toujours écrasée de fatigue, déprimée. Non seulement elle vit dans un logement étroit, insalubre, mais elle se sent tyrannisée par son mari. Celui-ci, abandonné par sa mère à l'âge de 7 ans, est un homme nerveux, instable ; il échoue dans sa vie professionnelle, ne se sent pas capable d'assumer la responsabilité de sa famille. Sa femme le lui reproche constamment tant par ses pleurs que par son attitude écrasée. Il réagit par des crises de violence et des colères. Pour Micheline ces attitudes symbolisent les rapports entre mari et femme. De plus, Mme A... a perdu un petit garçon, juste avant la naissance de Micheline. Elle en parle souvent, le pare de toutes les qualités que ne possèdent ni son mari ni sa fille. Vis-à-vis de Micheline, M. A... se montre aussi exigeant que vis-à-vis de sa femme ; il lui donne à l'âge de 2 ans une fessée magistrale parce qu'elle n'a pas rangé ses jouets. Mme A... cherche à protéger sa fille, mais elle ne l'aime pas, elle l'irrite, la fatigue. Nous avons vu que lorsque Micheline, à 5 ans, veut mettre la table ou l'aider à laver et repasser, Mme A... la trouve insupportable, tout le temps dans ses jambes. A 8 ans, par contre, elle lui reproche de ne pas être serviable.

Micheline, elle, à l'âge de 6 ans, se présente comme une petite fille maigre, nerveuse, intelligente, vive. Elle est énurétique. Tous ses dessins et phantasmes expriment son désir d'être un garçon aimé de sa mère comme Michel. A la place elle dessine rageusement des filles laides et méchantes qui salissent et font du mal à leur mère. Consciemment elle aime beaucoup sa mère et a peur de son père. Sa façon d'aimer sa mère la pousse inconsciemment à la dominer et à la tourmenter par sa saleté (énurésie) et son autoritarisme. Mais en même temps elle se fait punir par son père pour sa méchanceté et on sent que déjà elle est attachée aussi bien à sa mère qu'à son père par des liens profondément sado-masochistes dans lesquels elle assume tantôt vis-à-vis de sa mère un rôle de tyran, tantôt vis-à-vis de son père un rôle de victime.

On voit donc comment la personnalité des parents et la qualité de leurs rapports favorisent ou entravent le processus d'identification, influencent son orientation, donnent une forme définitive favorable ou non aux relations affectives que l'enfant est capable d'établir et dont il reste prisonnier lorsqu'il devient adulte.

5.

Activités et relations sociales

L'éclosion de la sexualité est à l'origine d'une ardeur affective qui mobilise toutes les ressources intellectuelles et imaginatives de l'enfant. Sa vie affective perd ce caractère tout impulsif du premier âge pour se transformer en sentiments beaucoup plus divers et nuancés qui, dans leur nouveauté, leur fraîcheur, donnent à l'enfant de cet âge tant de grâce aussi bien dans ses relations avec autrui que dans ses créations imaginatives, ses rêveries et ses jeux.

Il semble faire la découverte des gens et du monde ; il a une impression de merveilleux pour tout et se donne tout entier aux expériences nouvelles.

Sans doute, avons-nous montré dans les chapitres précédents comment ses sentiments, tout en apportant à l'enfant beaucoup de joie, créent pour lui des difficultés qu'il surmonte plus ou moins bien et plus ou moins complètement ; mais, dans les cas favorables, ce combat affectif incessant qui se livre en lui a une valeur positive pour son développement. C'est un stimulant constant qui le pousse à mettre en oeuvre tous les moyens qu'il peut trouver en lui pour satisfaire ses tendances profondes, ses besoins, tout en gardant l'amour de ses parents. Fier et heureux de ses nouvelles possibilités, il cherche à les y faire participer.

En effet, si les parents ont parfois du mal à comprendre et à accepter les sentiments contradictoires de l'enfant, ils sont, en même temps, remplis d'admiration pour lui. Ils suivent tous les progrès qu'il fait dans l'art de s'exprimer et d'accomplir des tâches diverses. Fiers de lui, ils ont toujours des anecdotes amusantes à raconter à son sujet. C'est l'âge où les parents découvrent presque toujours du « génie » à l'enfant, et c'est en effet un âge, où, comme à l'adolescence, poussé par l'intensité de ses sentiments, il trouve des moyens étonnants de les exprimer. C'est cette joie réciproque qui permet à parents et enfants de dépasser les difficultés de cette période de l'existence décrites précédemment.

Activités et jeux de l'enfant

1. Pendant une grande partie du temps éveillé, l'activité de l'enfant consiste à jouer, à imaginer. Chacun sait combien jouer lui procure de plaisir, toute l'ardeur qu'il est capable d'y mettre. Au mo-

ment où il joue, il éprouve des sentiments très réels, qui l'absorbent totalement et dont il n'aime pas être distrait. A travers ses jeux, l'enfant exprime les sentiments qui sont en lui, qui trouvent ainsi où s'épancher.

Regardons, par exemple, Sylviane, 3 ans et demi, en train de jouer à la poupée : elle arrange sa voiture, plie les couvertures ; elle est appliquée, sérieuse, elle regarde sa poupée avec un air préoccupé et tendre ; elle la promène quelques instants, la recouche ; elle imagine que le bébé a fait quelque bêtise, « pipi au lit » ; elle s'amuse, pour que ce soit plus réel, à mouiller le drap, puis nettoie consciencieusement, non sans avoir grondé la poupée. A tour de rôle on la voit la cajoler, la battre. Ce jeu paraît inépuisable, elle peut le répéter mille fois, introduisant de temps en temps une variante.

Ce jeu lui permet d'exprimer toutes sortes de sentiments et en même temps d'y trouver une satisfaction. En effet, sans doute, ne demande-t-elle pas d'attention directe de sa mère au moment où nous l'observons, mais à travers son jeu elle crée une situation où elle s'octroie des plaisirs équivalents. Il suffit de voir son expression tandis qu'elle cajole sa poupée pour comprendre qu'elle satisfait son besoin de câliner et d'être câlinée. Dans le jeu elle prête à la poupée des sentiments qui ne peuvent être que les siens, et elle y répond comme elle aime que sa mère réponde aux siens. Elle a le plaisir de jouer le rôle de la mère, de prendre un peu sa place, de faire comme elle. Quand elle imagine que sa poupée a fait une bêtise, et qu'elle l'a faite pour elle, elle se procure la satisfaction de faire sous une forme qui est permise une bêtise qui ne l'est pas dans la réalité ; punissant son bébé nous la voyons décharger une agressivité qui est hors de proportion le plus souvent avec les punitions qu'elle reçoit, elle, quand elle n'est pas sage. Elle exprime ainsi la force avec laquelle elle ressent les interdits et la rage qu'elle en éprouve.

Dans ce jeu, nous voyons cette enfant exprimer toute une gamme de sentiments et satisfaire partiellement, sans conflit, des besoins contraires, tels que par exemple : être petite et être grande, être aimée et grondée, etc...

2. La rêverie éveillée est constante à cet âge. L'enfant passe son temps à imaginer des histoires dont le héros, compagnon fidèle, qu'il soit un animal, un enfant ou un être indéterminé portant un nom bizarre, se meut dans un monde irréel où tout devient possible. L'enfant imagine tantôt des situations de la vie quotidienne, tantôt des histoires extraordinaires et apeurantes où le héros sort de situations dangereuses, grâce à des tours de passe-passe et au pouvoir magique dont il est doué.

L'énorme intérêt que l'enfant éprouve à imaginer ces choses, le fait qu'il n'en parle pas aisément de peur d'être blâmé ou critiqué, montre que ces rêveries ne sont pas pour lui de simples plaisanteries, mais qu'elles sont l'expression de sentiments qui sont réellement en lui.

Daniel âgé de 6 ans me dit en secret que le soir avant de s'endormir il aime inventer des histoires. Il rêve qu'il est un pêcheur miraculeux. Il va au bord d'un étang plein de grenouilles ; jamais personne n'a pu en attraper ; lui, il y arrive et, dès qu'il pêche une grenouille, celle-ci se transforme en pièces d'or. Ce phantasme prend toute sa signification quand on sait par ailleurs que son père est un grand amateur de pêche et qu'une fois, en grande faveur, Daniel a pu accompagner son père en spectateur. On voit là son admiration pour son père, son envie d'être comme lui, et même de réussir mieux que lui. Puis, tout à coup, il me dit qu'il imagine aussi des choses très mauvaises : il aime penser qu'il est le chef d'une bande de brigands, qu'il fait des coups de main, au cours desquels il vole et tue. Il donne en s'animant maints détails. Puis, s'arrêtant net, rougissant et sérieux, il me dit qu'il se demande pourquoi il y prend tant de plaisir. Il ajoute que « ça il ne pourrait le raconter à personne ». Il préférerait se faire couper en petits morceaux, tant cela lui ferait honte.

Ainsi, les rêveries correspondent aux sentiments profonds de l'enfant : ambition, désir, amour, cruauté, haine, besoin de dominer, de détruire, etc..., tous ces sentiments, qui existent en chacun de nous, sont exprimés et libérés dans ce jeu sous une forme que les parents peuvent permettre et qui soulage les enfants en leur apportant beaucoup de plaisir.

3. C'est une période où l'enfant désire également que l'adulte lui raconte ou lui lise des histoires qu'il aime bien. Il connaît là des moments de communion de sentiments qui lui sont précieux. C'est souvent en lui racontant des histoires, qu'un adulte gagne son amitié, sa confiance et son admiration.

L'enfant aime des histoires qui lui rappellent la vie quotidienne et dont les héros sont tantôt des humains, tantôt des animaux ou des objets (histoire d'un train, d'un bateau, etc...). Il aime que leur soient attribués des sentiments qui lui sont familiers : il savoure toutes ces situations où le héros se montre tantôt trop gourmand, désobéissant, curieux, s'attirant ainsi divers ennuis, avant d'être récompensé quand il rachète ses méfaits par quelque bonne action (courage, service rendu, etc...).

Le thème de l'enfant fugueur, perdu et retrouvé, connaît en général le plus grand succès ; il correspond au sentiment commun à tout enfant de cet âge : désir et peur de quitter maman ; larmes de séparation, suivies de la joie de la réunion.

Un autre thème, fort apprécié, est celui de « devenir grand », « rester petit » ; il permet de revivre ses craintes de demeurer petit et de devenir grand. Tantôt rester petit est une punition, tantôt c'est un privilège magique, ou encore le fait d'un sortilège qui entraîne le héros dans toutes sortes d'aventures (histoires de Poucette, de Charlotte).

L'enfant aime le plus souvent qu'il y ait des épisodes dangereux ou tristes, à condition cependant qu'ils se terminent bien. Il regarde longuement les images qui lui donnent le sentiment que l'histoire est vraie. Il en chérit certaines tout particulièrement, est consterné par d'autres, se réjouit par avance de la suivante, retourne inlassablement à certaines d'entre elles. Il veut qu'on lui redise l'histoire sans en changer le moindre terme. Si on se trompe il vous corrige ; mais, bien qu'il la connaisse par coeur, il veut absolument que l'adulte la lui raconte, car, alors, il peut s'abandonner plus complètement.

Enfin, la plupart des enfants aiment la magie qui change le malheur en bonheur, les gens en animaux, qui anime les jouets, qui permet aux sorcières de faire des maléfices, aux fées et aux héros d'en triompher.

Le pouvoir magique donne à l'enfant toute cette puissance dont il se sent dans la réalité si totalement démuni. Il lui donne le plaisir d'adapter la réalité à son goût à lui, et surtout de réaliser ses rêves oedipiens les plus ardents à travers les héros auxquels il s'identifie (Belle au Bois Dormant, Cendrillon, Les Cygnes).

L'enfant aime ces histoires où le courage, l'amour, la beauté, la fidélité, la ténacité triomphent de la cruauté et de la laideur des « méchants ». Il y retrouve le caractère extrême, intense, absolu, de ses propres sentiments et il se les fait redire inlassablement.

4. L'enfant joue à tous les jeux où il peut imiter les activités des grandes personnes. Il est successivement le docteur, la marchande, le coiffeur, et il répète indéfiniment les saynètes où se succèdent à un rythme accéléré : « Bonjour Madame, vous allez bien, vous avez des pommes de terre ? C'est combien ? 10 francs. Merci Madame. Au revoir Madame ».

Il s'amuse à « faire semblant » de lire, d'écrire, de téléphoner. Il joue à l'école, à la poupée, à la dînette, d'abord avec des adultes, un peu plus tard (4, 5, 6 ans) avec d'autres enfants. Il conduit train, voiture, bateau, etc.

A travers ses jeux perce son admiration pour les adultes dont il reprend toutes les intonations de voix, les gestes. Il a plaisir à imaginer qu'il est grand, à se sentir identifié à tous les personnages adultes, à les imiter. Il cherche à se mettre dans leur rôle tel qu'il le voit, essayant de le saisir et de le comprendre.

Chanter, danser, dessiner, peindre, modeler, sont des activités qui plaisent tout spécialement aux enfants de 3 à 6 ans. Bien que leur imagination s'inspire constamment de scènes de la vie quotidienne, dans leurs réalisations artistiques ils n'ont aucun besoin de coller au réel. Ils dessinent des formes extravagantes, décident que c'est une maison, un chien, un clown. Ils aiment les couleurs violentes : le noir et le marron sont, pour eux, des couleurs méchantes, les couleurs pastel sont « gentilles ». Tandis que les bleus, les rouges, les jaunes, les orangés francs sont leurs couleurs préférées.

L'enfant transpose ses sentiments dans ces formes et ces couleurs, créant souvent ainsi, au gré de son imagination, de véritables petits chefs-d'oeuvre.

5. Enfin, à cet âge, les enfants sont curieux de tout. Gardant leur goût d'exploration et d'indépendance, ils continuent à explorer ce monde, allant d'émerveillement en émerveillement ; ils regardent,

ils écoutent, ils observent, ils contemplent, ils explorent les moindres coins de la maison, du jardin, du parc, de la plage. Devant chaque scène nouvelle leur imagination travaille.

> Sylviane à 3 ans découvre pour la première fois la mer. Elle est en extase devant cette vaste étendue d'eau, ne se lasse pas de regarder, puis elle exprime tout le désir que cela éveille en elle ; du haut de la falaise, voyant la plage, elle parle d'aller sur le sable, puis de marcher dans l'eau. Elle va nager loin jusqu'au petit bateau que l'on aperçoit, là elle montera dans le bateau et elle ira, loin, loin, jusqu'à la ligne là-bas où le ciel touche la mer. Cependant quand, devant cet enthousiasme, l'amie qui l'accompagne s'achemine par un sentier vers la plage, Sylviane est prise de peur et la tire en arrière : « Non, non, je ne veux pas. »

Elle se trouve soudain un peu effrayée comme si la mer allait l'emmener loin, loin... « pour de vrai ». En effet l'enfant se laisse volontiers entraîner par son goût d'exploration et par son imagination au point de bien souvent se faire peur à lui-même. Il veut partir seul, sans donner la main, monter sur le rocher ; en même temps son esprit chemine... puis, tout à coup, il trébuche et c'est la chute inévitable ; l'enfant hurle, moins de mal que de peur, se sentant soudain pris par une réalité que ses phantasmes ont rendue inquiétante. D'autres fois, plus heureux, il revient, tout content de ce qu'il a vu, racontant et mélangeant ce qu'il a vu et ce qu'il a imaginé.

Ce plaisir à découvrir les merveilles de ce monde se manifeste aussi par une curiosité intarissable : sans cesse, le mot *pourquoi* revient à ses lèvres : « Pourquoi il pleut ? » – « Pourquoi il y a des nuages ? » – « Pourquoi les oiseaux ils volent ? », etc.

Toutes ces activités, ces jeux, ces rêveries remplissent son existence. Il n'arrête jamais. Même quand il mange, quand il prend son bain, il continue de jouer, parle tout seul, etc.

Cette activité est à encourager car, étant pour l'enfant une source de très grand plaisir, elle lui permet de se passer un peu de ses parents ; elle l'aide à devenir plus indépendant et favorise en même temps le développement de ses facultés intellectuelles, imaginatives et manuelles.

Mais il ne faut pas oublier qu'à cet âge l'enfant n'aime que les activités libres et qu'il n'y montre aucune constance, passe de l'une à l'autre, au gré de sa fantaisie.

Il n'est pas toujours facile de permettre à la maison cette libre expression dans le jeu. Une école maternelle à petit effectif peut rendre alors de grands services à condition que l'enfant y trouve la possibilité de donner libre cours à ses sentiments à travers ses jeux et ses créations imaginatives. Ce n'est qu'un peu plus tard, au jardin d'enfants, vers l'âge de 6 ans, qu'il commencera à avoir du plaisir à accomplir de petits travaux sur commande et que naîtra en lui le goût de copier, de terminer, d'imiter, en même temps, d'ailleurs, que son imagination commencera à se tarir.

Relations sociales

1. Les relations sociales s'élargissent beaucoup entre 2 et 5 ans. L'enfant commence à reporter sur tous les adultes les sentiments d'amour et d'admiration qu'il a pour ses parents. Sans doute doit-il surmonter un premier accès de timidité, mais, quand la confiance est établie, il va facilement à la conquête du nouveau venu et l'invite à jouer avec lui, à prendre soin de lui ; il l'accapare, met tout en jeu pour le séduire, retenir son attention, l'entraîner dans un jeu complice, au cours duquel il se permet d'aller plus loin qu'il ne le fait habituellement. Bien souvent, l'adulte se laisse faire, s'abandonnant avec l'enfant à une relation de jeu où tout est permis. L'enfant voue alors sympathie et amour à cet adulte qui sait jouer et comprendre. Il rêve d'être tout le temps avec lui, aimerait prolonger cette situation idéale. Il l'invite à lui raconter des histoires, à lui donner son bain, à le coucher. Souvent, il fait des démonstrations d'amour, il accepte, « pour rire », une invitation à devenir « sa petite fille » ou son « petit garçon ». Mais si, au moment de partir, l'ami propose : « Alors, tu viens ? », il est pris d'inquiétude et refuse.

L'enfant de cet âge aime beaucoup avoir une marraine ou un parrain qui représente pour lui, bien souvent, « le parent idéal », celui qui donne des cadeaux, qui est toujours gentil, qui ne gronde jamais. Il souhaite changer de parent, rêve de partir avec lui, mais il se sent assez facilement coupable de ces sentiments et a besoin de sentir l'approbation de ses parents pour les sentiments d'affection qu'il a pour lui.

Sylviane a beaucoup joué avec sa marraine. Toute la journée elle est restée à ses côtés et a quelque peu impatienté sa mère qui ne pouvait rien tirer d'elle. A plusieurs reprises elle s'est fâchée, lui disant que s'il en était ainsi elle demanderait à sa marraine de partir. Le soir Sylviane demande comme un privilège à coucher dans la chambre de sa marraine. Dans la nuit, elle se réveille en proie à un cauchemar, est terrorisée par la vue de cette personne, la bat, lui dit qu'elle est méchante, ne se laisse pas consoler par elle, appelle sa mère, veut aller coucher avec elle.

2. L'enfant, s'il a beaucoup de plaisir avec les adultes qui s'occupent de lui, supporte très mal les visites qui accaparent ses parents, sans lui prêter d'attention. Dans ces conditions, il se rend insupportable et, au désespoir de ses parents, déploie toute son imagination pour se montrer sous son jour le plus défavorable. Il se fait punir et se met à détester les visites importunes. Parmi les visiteurs, l'enfant a vite fait son choix et semble porter sur les uns tous ses sentiments d'amour, tandis que les autres reçoivent toute son hostilité.

Certains parents craignant ces difficultés ont tendance à éloigner l'enfant pendant les visites, ou à se montrer plus sévères ; d'autres redoutent les visites et finissent par les éviter. Or, ces relations avec des adultes autres que les parents devraient, au contraire, être encouragées. Elles contribuent à développer chez l'enfant son intérêt pour les autres, en même temps qu'elles lui permettent de ventiler sur eux les sentiments trop intenses qu'il éprouve pour ses parents.

3. Jusque vers 2 ans, les enfants n'ont guère ensemble que des jeux parallèles, mais, entre 2 et 3 ans, l'enfant peut commencer à être attiré par les autres.

> Sylviane à 3 ans s'élance sur la plage vers tout enfant de son âge et veut à tout prix l'embrasser, l'enlacer, l'entraîner jouer, mais elle se heurte aux cris des autres, terrifiés par cet élan impétueux auquel ils ne s'attendent pas.

L'enfant rêve de jouer avec un petit camarade, mais il met quelque temps avant d'y arriver. Il ne lui est pas agréable de découvrir que ses désirs peuvent être peu appréciés des autres, ni d'apprendre à supporter leurs attaques intempestives et à s'en défendre, à modérer ses propres possessivité et agressivité. Une école maternelle, à petit effectif, peut aider à cet apprentissage.

Quand l'enfant arrive à surmonter ces quelques difficultés, il a grand plaisir à jouer avec ses congénères à tous les jeux que nous avons décrits plus haut. Ses petits amis ne se lassent pas plus que lui, peuvent comme lui répéter indéfiniment les mêmes scènes ; ils se comprennent à demi mot et ont à peine besoin de se donner les règles du jeu. Ils adoptent les rôles complémentaires. Tel est le papa, telle autre la maman ; souvent petit garçon et petite fille, à cet âge, se fiancent, deviennent inséparables. Leur jeu est mouvant, parfois interrompu par de violentes disputes, le plus souvent apaisées et oubliées.

Tout à leurs jeux, les enfants se désintéressent quelque temps du monde adulte, apprennent à s'en passer, à régler eux-mêmes leurs petits conflits, prenant ainsi à leur compte la responsabilité de leurs sentiments et de leurs actions.

Conclusion

1. Les qualités *d'adaptivité* de l'adulte dépendent, pour une très large part, de la forme et de la maturité de son affectivité. Par adaptivité on entend, en effet, la capacité de l'individu à tirer le meilleur parti possible de son équipement physique, intellectuel, et des possibilités que lui offre le milieu dans lequel il vit. Le milieu social, les ressources économiques, l'intelligence, la constitution organique, sont naturellement des facteurs déterminants dans le degré d'épanouissement de l'individu et jouent un rôle important dans son *adaptation*. Mais l'affectivité lui donne les *capacités d'adaptivité*, c'est-à-dire la capacité d'en tirer parti. Les motivations affectives constituent une force vive qui pousse constamment l'individu à trouver une solution aux problèmes qui se posent à lui. Elles peuvent être, tant pour lui-même que pour son entourage familial, profession-

nel et social, source d'épanouissement et d'enrichissement ou devenir, au contraire, source d'inhibition, d'échecs ou de destruction.

Si nous avons essayé de décrire avec tant de détails les problèmes affectifs que tout enfant rencontre inéluctablement dans son existence, c'est parce qu'on sait, à l'heure actuelle, le retentissement important des premières années de l'existence sur le développement ultérieur de la personnalité. En effet, les bases de la maturité affective sont posées pendant ces premières années et ont peu de possibilités de changer. Autour d'elles se modèle, pendant la période de latence, le caractère de l'enfant.

2. Si nous regardons l'ensemble de l'évolution de l'enfant pendant ces cinq ou six premières années, nous voyons que, parallèlement à son développement physique, moteur et intellectuel, sa vie affective est née, s'est développée, s'est épanouie, s'est différenciée et s'est organisée.

Nous voyons l'enfant passer de l'égocentrisme le plus primitif à la connaissance et à l'amour d'autrui ; de la rage à l'agressivité et au sentiment de culpabilité. Nous voyons ses besoins se modifier ainsi que ses sources de plaisir. Sa sensualité, essentiellement fixée au début à la zone buccale, se déplace vers les zones sphinctériennes, en même temps qu'il se tourne de la passivité vers l'activité, de la dépendance vers l'autonomie, du goût de recevoir et de subir à celui de contrôler, dominer, puis donner. Nous le voyons, enfin, s'éveiller à une forme d'amour hétéro-sexuelle, au fur et à mesure que son sexe s'affirme et qu'il en prend conscience. On voit alors ses impulsions affectives éclater en sentiments plus nuancés, où il donne véritablement sa tendresse à l'autre, en même temps que naît en lui un sentiment de culpabilité vis-à-vis de ses tendances agressives et hostiles, sentiment qui le pousse à trouver, à travers le processus d'identification, des moyens de résoudre son ambivalence.

Tout au long, nous voyons que son développement moteur puis intellectuel est au service de son développement affectif, lui donnant des moyens de plus en plus évolués pour s'exprimer, et également des moyens pour résoudre ses conflits. C'est ainsi que le comportement de l'enfant, ses activités, ses jeux, ses attitudes, lui servent à exprimer ses sentiments, sont pour eux une voie d'épanchement. Ils représentent des modalités d'adaptation à ces sentiments, qu'ils soient ou non conflictuels. Ce faisant, l'activité est un stimulant constant pour le développement de toutes les facultés naissantes, sensorielles d'abord, motrices ensuite, intellectuelles, imaginatives et rationnelles enfin.

3. Ce qui pousse constamment l'enfant à trouver des solutions d'adaptation, c'est le besoin primordial commun à tous et qui dure tout le long de notre existence, d'éprouver un sentiment de bonheur, de plénitude, et d'échapper aux souffrances des frustrations.

L'épanouissement de l'individu n'est pas favorisé par l'absence de frustrations ; celle-ci l'entraînerait vers une stagnation ; elles sont au contraire un stimulant à la lutte, donc au développement, à condition que l'individu trouve en lui la force de mener cette lutte, force qui naît du sentiment de plénitude et de la joie et de l'élan qui s'ensuivent.

Pour le tout petit enfant impuissant, n'ayant aucun moyen de lutte, cette source de joie, nous l'avons vu, il la trouve dans l'amour que sa mère lui porte et qui la pousse à le protéger et à le stimuler pour qu'il soit content, joyeux, et s'éveille à la vie.

Durant tout le développement de l'enfant, nous avons vu exister et évoluer les plaisirs qu'il recherche et les plaisirs dont il se défend ; « recherche » et « défense » le poussent à des réactions affectives et à des attitudes qui contribuent à la transformation et à l'édification de sa personnalité.

4. Mais, tout au long, nous avons vu aussi combien l'enfant dépendait de ses parents, de leur amour, de leur compréhension, de leur acceptation, de leur capacité à adopter des attitudes qui lui permettent d'affonter et de résoudre ses conflits. Nous avons vu à quel point il dépend étroitement de l'affectivité de ses parents, y réagit, et comment elle crée un climat émotionnel qui peut ou non contribuer à son épanouissement.

On peut donc dire, sans vouloir nier ni minimiser le rôle des différences individuelles profondes qui existent entre chaque enfant et des circonstances dans lesquelles il se développe, que le processus de maturation affective est en grande partie l'oeuvre des parents ou des personnes qui les remplacent. Il dépend beaucoup de la façon dont ceux-ci comprennent l'enfant et savent lui prodiguer des satisfactions et des frustrations adaptées aux deux grands besoins fondamentaux : satisfaction des pulsions instinctuelles et adaptation au réel.

Si l'enfant ne trouve pas auprès de ses parents une aide pour réaliser un équilibre entre ces besoins, son affectivité ne se développe pas ou se développe mal. Elle peut, par exemple, se fixer à un stade plus ou moins primitif de développement. Dans ces cas, l'enfant aborde les conflits des périodes suivantes avec la mentalité affective de la première ou de la deuxième année, ou encore avec une affectivité déviée (troubles du caractère, psycho-névroses, comportements asociaux). Il peut, par exemple, demeurer dépendant et passif, incapable d'efforts, ou encore se montrer incapable de dominer sa rage qu'il retourne contre la société (comportements asociaux), ou contre lui-même (comportements auto-punitifs, d'échecs, etc...).

D'autres fois, demeurant partiellement insatisfait, il se développe quand même, mais reste un être fragile qui ne pourra pas surmonter les traumatismes que la vie apporte inéluctablement et il pourra y réagir par des régressions importantes et mutilantes.

Tout ceci met en relief l'importance pour l'enfant que ses parents puissent créer un climat émotionnel favorable à son développement.

Assez souvent, les parents, sans avoir de connaissances précises à ce sujet, sentent instinctivement les besoins de l'enfant, les comprennent. Ils apprécient son comportement, partagent ses joies et ses chagrins, suivent avec amusement ses jeux ; ce faisant, ils rendent possible l'expression de ses sentiments sous une forme « permise » qui lui donne la sécurité de sentir ses sentiments acceptés. Leurs sentiments d'amour pour lui les conduisent à mettre leur sensibilité au service de l'enfant qui, en retour, cherche, nous l'avons vu, à accorder ses désirs avec les leurs et à s'adapter aux exigences de la réalité. Tenir compte de ses sentiments ne veut nullement dire y céder, ni organiser l'existence en fonction de ses sentiments ; reconnaître leur existence permet aux parents d'apporter à l'enfant le soutien nécessaire pour l'aider à les surmonter et à aborder victorieusement cette lutte d'adaptation à la réalité.

Nous avons montré maintes fois, par exemple, comment les parents de Sylviane et Roland, tout en élevant leurs enfants à l'intérieur d'un cadre et de règles fermes, étaient en communion avec les sentiments et les émotions de leurs enfants. Ce sont la joie et la sécurité que l'enfant trouve dans cette communion de sentiments qui lui permettent d'accepter la contrainte des règles et des bonnes habitudes, qui lui donnent le goût et la force de s'adapter au réel et qui lui permettent, plus tard, tout naturellement, de faire face, tout seul, à ses problèmes.

5. Nous avons vu cependant qu'il n'était pas toujours facile, pour les parents, de faire preuve d'une disponibilité qui leur permette de tenir compte constamment des problèmes de leur enfant.

Il est évident que cette disponibilité, ils ne peuvent l'avoir que s'ils ont eux-mêmes une sécurité matérielle et affective. De mauvaises conditions de logement, des conditions économiques insuffisantes entament forcément leur disponibilité, en même temps qu'elles créent une situation matérielle où il est difficile de répondre aux besoins de l'enfant.

Cependant, si indispensables soient-elles, les conditions économiques satisfaisantes ne sont pas seules en cause. La disponibilité des parents dépend également de leur niveau de maturité affective, des sentiments qu'ils éprouvent vis-à-vis des problèmes de l'enfant, du degré de satisfaction, de plénitude, de sécurité qu'ils trouvent l'un auprès de l'autre, c'est-à-dire, en grande partie, de leurs expériences affectives, présentes et passées.

Quelle qu'en soit la cause les parents peuvent adopter des attitudes plus ou moins favorables vis-à-vis des enfants.

Ils se laissent parfois uniquement guider par leurs propres commodités, cherchent à y adapter l'enfant, sans tenir compte de ses difficultés affectives, dont ils n'ont pas conscience. Ils le trouvent sage et gentil quand il se conforme à leurs exigences, insupportable quand il résiste. Ils jugent que cette sagesse ou cette méchanceté fait partie de son caractère « bon » ou « mauvais ». Pour des raisons diverses ils ne savent pas voir ni comprendre les sentiments de l'enfant, ils ne savent pas et ne sentent pas qu'il est important de les prendre en considération.

Dans ces conditions, les enfants se développent au gré de la personnalité des parents et des circonstances, pour le mieux ou pour le pire, selon les cas.

Ces parents aiment pourtant leurs enfants, mais il semble qu'ils ne comprennent pas spontanément les problèmes de l'enfance et aient besoin d'en être informés.

6. Cependant, l'information n'est pas toujours aisée. Restant sur un plan général, elle ne rend pas compte des situations individuelles, des problèmes particuliers de relations parents-enfants qui diffèrent forcément d'un cas à l'autre. Elle se heurte, dans certains cas, à des préjugés, à la résistance des parents qui ne peuvent tolérer ni l'existence des problèmes ni la façon dont ils se manifestent. Parfois aussi, l'information soulève plus d'anxiété qu'elle n'apporte d'aide quand elle confronte les parents avec les problèmes qu'ils ne sont jamais arrivés à surmonter en eux-mêmes. Elle ne suffit pas à éclairer ceux qui sont aux prises avec leurs propres difficultés affectives et qui les projettent sans le savoir sur leurs enfants.

Dans tous ces cas, une aide spécialisée pour les parents devrait être envisagée. Cette aide, pour être efficace, doit tenir compte des difficultés des parents autant que de celles des enfants. Elle vise avant tout à améliorer l'équilibre émotionnel parents-enfants et non à donner des recettes éducatives qui varient forcément selon chaque enfant et chaque famille et qui ne sont valables que lorsqu'elles sont trouvées par les parents eux-mêmes.

L'organisation de services d'information et d'aide aux parents devrait permettre l'accomplissement de progrès considérables dans le domaine de la prévention en matière de santé mentale. On connaît déjà les efforts d'organismes tels que l'Ecole des Parents et les réalisations des centres psychopédagogiques. Ils rendent de grands services aux parents qui ont des difficultés avec leurs enfants. Il serait intéressant cependant de toucher les familles dès l'éclosion de ces difficultés pendant la petite enfance. La réalisation peut en paraître difficile. Pourtant, en examinant les buts et le fonctionnement de services tels que ceux de la Protection maternelle et infantile, il semble qu'ils seraient en bonne position pour contribuer à la réalisation d'un programme de prévention en matière de santé mentale, à condition toutefois que le personnel médico-social soit pourvu d'une formation portant à la fois sur les connaissances concernant les besoins des enfants, les problèmes des parents et également sur les méthodes d'aide psychologique.

Orientation bibliographique

BETTELHEIM (B.), *Psychanalyse des contes de fées*, Paris, Laffont, 1977.

CHILAND (C.), *L'enfant de 6 ans et son avenir*, 1971, 3e éd. 1976, Fil Rouge, P.U.F., Paris.

DE LA GARANDERIE (A.), CATTAN (G.), *Tous les enfants peuvent réussir*, Paris, Centurion, 1988.

DOLTO (F.), « Le complexe d'Oedipe », in *Psychanalyse et pédiatrie*, Paris, Points, 1976.

« Le complexe d'Oedipe, ses étapes », *Au jeu du désir*, Paris, Seuil, 1981.

« L'école à trois ans, son rôle », in *L'image inconsciente du corps*, Paris, Seuil, 1984.

« Plein temps scolaire », in *L'image inconsciente du corps*, Paris, Seuil, 1984.

Tout est langage, Paris, Livre de poche, 1987.

FRAIBERG (S.), *Les années magiques : comment comprendre et traiter les problèmes de la première enfance*, P.U.F., 1986.

GOLDSTEIN (J.), FREUD (A.), SOLNIT (A.J.), *Dans l'intérêt de l'enfant, vers un nouveau statut de l'enfance*, E.S.F., 1978 (trad.).

LEBOVICI (S.), SOULE (M.), *La connaissance de l'enfant par la psychanalyse*, Paris, P.U.F., col., Le fil rouge, 1977.

LORIN (C.), DEMACHY (P.), *La psychologie de l'enfant et de l'adolescent à la portée de tous*, Toulouse, Privat, 1990.

ORTIGUES (M.C.), et (E.), *Comment se décide une psychothérapie d'enfant*, Paris, Denoël, 1986.

PIAGET (J.), *Six études de psychologie*, Paris, Denoël, 1976.

WINNICOTT (D.), *La consultation thérapeutique chez l'enfant*, Paris, Gallimard, 1972.

Index thématique

Cet ouvrage a été achevé d'imprimer le 10 juillet 1990 sur les presses de l'Imprimerie Paragraphic, sur Bouffant Astrid en 58 × 90 de 70 g et Royal 1 000 brillant 2 faces en 65 × 92 de 250 g. Saisie PAO : Carmen Fabre. Photogravure Photolitho. Brochage Laclau. 21R/6 000/109 000
Dépôt légal août 1990